Heinrich Schmidt

Johann Mattheson, ein Förderer der deutschen Tonkunst, im Licht seiner Werke

Heinrich Schmidt

Johann Mattheson, ein Förderer der deutschen Tonkunst, im Licht seiner Werke

ISBN/EAN: 9783743353114

Hergestellt in Europa, USA, Kanada, Australien, Japan

Cover: Foto ©Thomas Meinert / pixelio.de

Manufactured and distributed by brebook publishing software (www.brebook.com)

Heinrich Schmidt

Johann Mattheson, ein Förderer der deutschen Tonkunst, im Licht seiner Werke

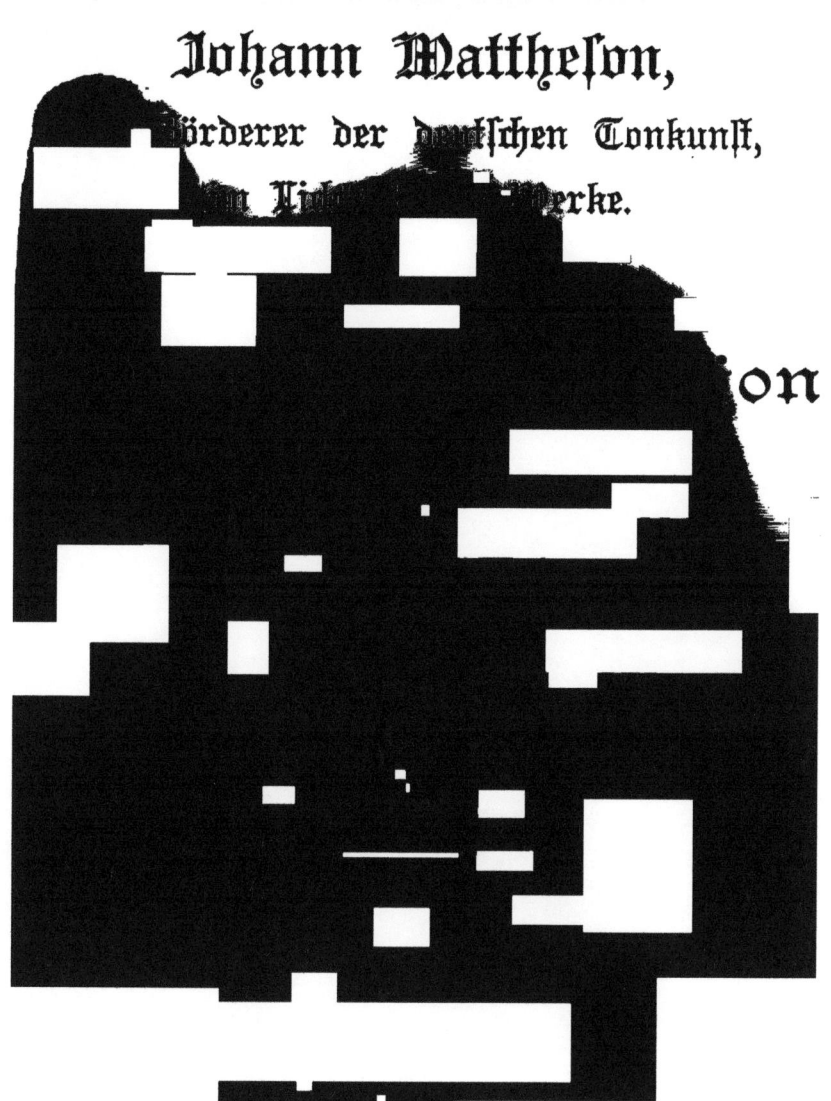

Litterarisches Material.

Bei der Abfassung dieser Dissertation wurden in erster Linie die in den Staatsbibliotheken zu München und Hamburg, sowie im Besitze des Verfassers und einiger Privatbibliotheken befindlichen Werke und Manuskripte Matthesons benützt, außerdem noch beigezogen:

„Neu eröffnete musikalische Bibliothek" von L. Chr. Mizler;
„Kritischer Musikus" von J. A. Scheibe;
„Anleitung zu der musikalischen Gelahrtheit" von J. Adlung;
„Musikalische Charakterköpfe" von W. H. von Riehl;
„Die erste stehende deutsche Oper" von E. O. Lindner;
„Beiträge zur Geschichte des Oratoriums" von C. H. Bitter;
„Mattheson und seine Verdienste um die deutsche Tonkunst" von L. Meinardus;
„Illustrirte Musikgeschichte" von Emil Naumann;
„Geschichte der Musik" von Ambros-Langhans;
„Führer durch den Konzertsaal" von Prof. Dr. Aug. Ferd. Hermann Kretzschmar.

Inhaltsübersicht des vollständigen Werkes.

Einleitung.
Biographie.
- I. Die drei Orchester und die exemplarische Organistenprobe.
- II. Die Critica musica.
- III. Der musikalische Patriot.
- IV. Der vollkommene Kapellmeister.
- V. Historiographische Verdienste. Ehrenpforte.
- VI. Thätigkeit und Einfluß auf dem Gebiete der protestantischen Kirchenmusik. — Der Göttingische Ephorus. — Passionen.
- VII. Aufforderung zu einem christlich-fröhlichen, harmonischen Leben. — Der musikalische Patriot (1.—12. Betr.). — Die Freudenakademien u. s. w.
- VIII. Philosophische Schriften.
- IX. Philologisches Treffspiel. — Schluß.
- X. Musikalische Beilagen.

I. Die drei Orchester und die exemplarische Organistenprobe.

Das erste theoretische Werk M.'s „das Neu=Eröffnete | Orchestre | Oder Universelle und gründliche | Anleitung | wie ein Galant Homme einen vollkommenen | Begriff von der Hoheit und Würde der edlen | Music | erlangen könne", 2c. 1713, zeigt uns den Verfasser zunächst als einen die Schäden seiner Zeit rücksichtslos aufdeckenden Reformator, der sich in der Einleitung seines Buches mit dem Verfall der Musik und dessen Ursachen beschäftigt. Die größte Schuld an der Entartung der musikalischen Kunst mißt er den Musikern selbst bei. Deshalb zieht er zu Felde gegen jene Theoretiker, welche die Musik einzig und allein „vor eine tiefe Gelehrsamkeit und arbeitsame Wissenschaft dependieren, philosophische Regeln geben, gelehrte Grillen, obscures Zeug behaupten", die alte hebräische Musik höher als „unsere" schätzen und die Musik wie Logik und Ethik in eine ›cathedralische Disciplin‹ bringen wollen, gegen die Vielschreiber, gegen die eingebildeten Virtuosen, gegen die Zunft= und Handwerksmusikanten, „deren propos weniger Ehre noch Finesse, sondern bloß allein der grobe Profit ist, die froh sind, wenn das Geld nur verdienet, es habe geklungen oder geklappert".

Mit dem ihm eigenen Scharfblicke die Fehler der musikalischen Erziehung seiner Zeit erkennend, bekämpft er die Ursachen dieser trostlosen Zunftverhältnisse, indem er vor allem eine bessere Vorbildung und humanere Erziehung der Lehrjungen und Kunstjünger fordert. „Es betrachte mir nur", ruft er aus, „ein vernünftiger Mensch, wenn ein Knabe, der die sogenannte Pfeiffer=Kunst erlernen soll, in einer schweren, schändlichen Dienstbarkeit gewisse Jahre aushalten, Mägdearbeit, ja, davor sich Mägde schämen, verrichten, mit Prügeln und Ohrfeigen, mit Injurien vom Morgen bis in den Abend anstatt Essen und Trinken vorlieb nehmen muß, und noch kein Wort dawider reden darf, ob nicht ein solcher, wenn er auch das allerbeste naturel in der ganzen Welt hätte, notwendig verderben muß, eine viehische Lebensart an sich nimmt, grob, tölpisch und unbescheiden wird und am Ende seiner Lehr-Jahre, die er in der größten Poenitenz zugebracht, ebenso ein Idiote bleibt, wie er im Anfange gewesen."*)

Zum Schlusse dieser Einleitung beklagt M. die Unwissenheit der meisten Zuhörer, die Mißachtung der musikalischen Kunst, sowie die unsittliche Lebensweise vieler Virtuosen und das Vorurteil des Publikums gegen neue Komponisten. „Es ist mir selber widerfahren", berichtet er mit treuherziger Ironie, „daß gewisse Leute meine schlechte Arbeit hochgehalten und sehr gerühmt, so lange sie geglaubet, es sei dieselbe von Bononcini, Ziani oder einem anderen großen Meister; sobald sie aber hinter die Wahrheit gekommen, ist niemand mehr zu Hause gewesen." Da nach M.'s Ansicht die Musik eine aristokratische Kunst ist, so fordert er die Fürsten, Adeligen und reichen Bürger energisch auf, die Kunst finanziell kräftigst zu unterstützen und die Künstler besser zu bezahlen.

Die beiden ersten Teile dieser Schrift behandeln Hauptfragen der allgemeinen Musiklehre. Ist auch M. noch hie und da in die Zopfzeit verstrickt, kommt er auch wie seine übrigen Zeitgenossen noch nicht einmal über die Anfänge unserer heutigen Harmonie- und Akkordlehre hinaus, so müssen wir doch staunen über die geistreiche und sichere Behandlung dieser spröden Materie, über die vielfarbigen Lichtblitze, welche seine Ausführungen durchleuchten, über den hohen, seiner Zeit weit vorausgerückten Standpunkt, welchen er den meisten damaligen Musiklitteratoren gegenüber einnimmt bei der Aufstellung seiner heute noch geltenden Generalregeln über die Konsonanzen und Dissonanzen, bei der Abhandlung „von der musikalischen Tone Eigenschaften und Wirkung in Ausdrückung der Affekten", bei der Bekämpfung des herkömmlichen Wustes und des alten, ausgelebten Systems. Zwei Beispiele mögen genügen, um zu zeigen, wie er in dieser Schrift, den beschränkten Standpunkt seiner Zeitgenossen durchaus nicht teilend, in freisinniger Weise gegen alte Vorurteile ankämpft und einer freieren, geläuterten Kunstrichtung Bahn bricht. Während bei den alten Theoretikern die Terz am Anfange und Ende des Tonstückes verpönt war, die Quinte in der Mitte mehr gebraucht werden sollte als die Sexte, und Quinte und Sexte nur in den seltensten Fällen zusammenklingen durften, lehrt M. in den oben genannten

---

* Cf. Niedt, Handleitung I, 2. Auflage 1710, wo der Kapellmeister Tacitus in den einleitenden §§ die traurige Unterrichtsmethode seines rohen, unwissenden Lehrers Orbilinus in grellen Farben schildert.

Generalregeln, daß die Terz „nicht selten anfängt und sich allemal am Ende befinden müsse", daß nächst den Terzen die Sexten in der Mitte des Stückes einen weit angenehmeren und durchdringenderen Effekt haben, als die „kahlen, frommen Quinten", daß es nichts schöneres gebe, als die Quinte und Sexte zusammen (Quintvorhalt im Quartsextakkord), daß die Dissonanz die darauf folgende Konsonanz zweimal so angenehm klingend mache u. s. w. Und wenn er ferner bei der Besprechung der „geehrten Opern" den die Musikstücke trennen= den, gesprochenen Dialog in der komischen Oper geradezu als Norm hinstellt, so ist dieser seiner Forderung die Genugthuung geworden, daß heute noch die besten und sich allein auf dem Repertoire be= hauptenden komischen Opern, z. B. Lortzings „Zar und Zimmermann", Nicolais „Lustige Weiber", Ignaz Brülls „Goldenes Kreuz" u. a. m. den gesprochenen Dialog zu ihren ersten dramatischen Mitteln zählen. Als Feind aller Indolenz verlangt M. frisch pulsierendes Leben auf der Bühne und beständige Aktion statt der großen langen Arien; die Aktschlüsse mit einem „kahlen" Recitativ verdammt er als unwirk= same Finales und spricht sich ganz entschieden und mit Recht gegen die 6—7 Stunden dauernden Opern aus. Die meisten dieser Fehler rührten zum größten Teile von dem Einflusse der fremden, besonders der italienischen Oper her, welche durch Kusser's Vermittelung mit der Einführung Steffanischer Opern 1693 ihren Einzug in Hamburg hielt, zuerst die dort seit 1687 blühende deutsche Oper nach verschie= denen Seiten hin befruchtete und idealisierte, um jener echt deutschen Kunst durch Importation antiker Mythologie als Deckmantel alberner, lüsterner Schäferspiele und durch den gefährlichen Einfluß ruhm= und ränkesüchtiger Maestri, Kastraten, Virtuosen und Primadonnen bald darauf den Todesstoß zu versetzen (cf. „Mus. Patriot", pag. 46 ff.). M. erwartete in diesem Gährungs= und Zersetzungsprozeß alles Heil von den ernsten deutschen Künstlern. Fast alle seine Schriften klingen in den Wunsch nach Erweckung des deutschen Nationalbewußtseins aus und sehnen das Morgenrot einer heimischen Kunst herbei. Überall zeigt sich in M.'s Werken das aufrichtige Bestreben, der deutschen Musik und ihren Kunstjüngern ein höheres Ansehen zu verschaffen und dieselben vermöge ihrer vielen Vorzüge über das hohle Aus= ländertum zu stellen. „Wenn ein Deutscher Musik treibt", sagt er bei der Betrachtung der Unterschiede zwischen der italienischen, fran= zösischen und deutschen Musik, „so hat er dazu tausendmal so viel Geduld, als die anderen. Die deutschen Virtuosen, welche diesen Namen mit Recht führen, sind viel höher zu achten, als ganze Banden Ausländer." Schon 55 Jahre vor dem Erscheinen der Hamburger

Dramaturgie Lessings*) bricht M. in die Klage aus, daß „bei uns in allen Sachen fast ein recht schimpfliches Wesen eingerissen, daß wir alles, was aus der Fremde kommt, nicht darum allein, weil es schön und gut, sondern bloß weil es fremd ist, unseren einheimischen Personen und Dingen, nicht weil sie etwan schlecht und recht, sondern einzig und allein, weil sie bei uns zu Hause gehören, unbilliger Weise vorzuziehen, Gefallen tragen: Kreaturen, die bisweilen keinen Schuß wert und sich bloß durch Intriguen oder Ränke einschleichen (wenn's nur Ausländer sind) hoch und in Ehren halten" u. s. w. Doch angesichts solcher, für die deutsche Kunst äußerst trauriger Zeiten die Hände mit stiller Resignation in den Schoß zu legen, ist nicht nach dem Geschmacke unsers Eiferers für die heilige Sache der Tonkunst. Rastlos vorwärts zu streben; von den Franzosen und Italienern das Beste zu nehmen; „die zu beklagende Praeoccupation, darin man hie und dort wegen des verschnittenen Volkes und ihrer Helfershelfer stecken mag, mit reellen Proben seiner Capacité zu heben; jedem, so viel thunlich, ein aequitables Sentiment und gesundes Urteil von dem musikalischen Überfluß der deutschen Künstler beizubringen; den bald ost-, bald westwärts herumschwärmenden welschen Gesellen das Handwerk zu legen und sie mit allen ihren Hilpersgriffen über die rauhen Alpes in den aetnaischen Kachelofen zur Läuterung zu schicken": das sind die Heilmittel, welche sein klarer Kopf den „redlichen und kunstbeflissenen Landsleuten" zur Bekämpfung dieser, die deutsche Kunst korrumpierenden Seuche empfiehlt, aus denen aber auch zugleich eine Ahnung von der bald darnach beginnenden Genieperiode der deutschen Kunst hervorlugt.

Die im „neueröffneten Orchester" entwickelten, von der musikalischen Jugend besonders freudig begrüßten freiheitlichen Lehrsätze und Anschauungen, M.'s Schärfe und Klarheit der Sprache, besonders der von ihm zur höchsten Glut entfachte, Jahrhunderte bereits währende Streit um das Wesen der Quarte, ob dieselbe Dissonanz oder Konsonanz sei, seine überaus abfällige, spöttische Kritik über die alten Modi und der Umstand, daß er „nicht viel Ehrerbietiges vorgebracht von der Solmisation", sogar sich pag. 245 zu dem Ausruf hinreißen ließ: „Gott Lob! daß die alte Musik unter die verlorenen Dinge zu rechnen ist", erweckten großes Aufsehen in den musikgelehrten Kreisen.

---

*) Zu einem Vergleiche zwischen Mattheson und Lessing wird man unwillkürlich gezwungen, wenn der derbe, echt deutsche Charakter beider und die Verjüngung ihres Geistes durch das Studium des klassischen Altertums in Erwägung gezogen wird, wozu noch der merkwürdige Umstand kommt, daß Lessing mehr Kritiker und Gelehrter als Dichter, M. mehr Theoretiker und Ästhetiker als Komponist war.

Dem Hamburger „freisinnigen Neophyten der Tonlehre" und seinem
Anhange stellte sich bald eine auf süddeutsche Autoritäten (Fux,
Murschhauser u. a.) sich stützende, die Embleme der Solmisation im
Wappenschilde führende konservative Partei entgegen, und der als
Theoretiker hochangesehene Erfurter Kantor Joh. Heinr. Buttstedt
(† 1727) gab aus der Reihe der Avantgarde durch seine direkt gegen
das „neueröffnete Orchester" gerichtete Streitschrift: „Ut, re, mi, fa,
sol, la, Tota Musica et Harmonia aeterna, oder neueröffnetes, altes,
wahres, einziges und ewiges Fundamentum Musices, entgegengesetzt
dem neueröffneten Orchestre" u. s. w. (zwischen 1714 und 1716) das
Zeichen zum Kampfe für die Solmisation und das ältere, auf die
Kirchentöne gegründete Tonsystem.

[Bemerkung. Die Solmisation gründet sich auf eine von Guido
von Arezzo († um 1050) erdachte, leichtere Gesang-Unterrichtsmethode,
welche in den charakteristischen Intervallen und Textsilben eines von
Paulus Diaconus († 797) gedichteten Hymnus wurzelt, in welchem die
von Heiserkeit befallenen Sänger den heil. Johannes, den Täufer, den
„Rufer in der Wüste" und Patron der „hellen Stimmen", um Heilung
zu bitten pflegten:

In diesem Hymnus lernte der Schüler, wenn auch nicht die abso-
lute Höhe oder Tiefe eines Tones, so doch sein Verhältnis zu einem
anderen richtig erfassen; er konnte beim Erlernen neuer Gesänge die
Intervalle derselben mit dem für ihn maßgebenden Johannesgesang vergleichen und leichter treffen. Die sieben melodischen Teile dieses Hymnus
(das, was wir heute Takte nennen) ließen die das Wesen der Gregorianischen Oktavgattungen (Tropen, Psalmodien) und der Kirchentöne (A, B,
C, D, E, F, G) ausmachenden Intervall-Verhältnisse zu Gehör kommen

---

* Daß Dein Knecht im Vollbrusttone
Deiner Wunder Lob darf künden,
Tilg, o heiliger Johannes!
Der entweihten Lippe Sünden.

und ihre Anfangstöne stellten die diatonische Skala dar, welch letztere von den romanischen Völkern an Stelle der früheren Notation in lateinischen Buchstaben durch die Versanfangssilben des Johannesgesanges: ut, re, mi, fa, sol, la bezeichnet wurde. — 100 Jahre nach Guido's Tod teilte man die bereits auf 20 Stufen angewachsene Tonreihe von

dergestalt in 7 Hexachorde, daß die einzelnen, sechsstufigen Tongruppen in einander griffen, damit das mi-fa, der Halbton, alle Beziehungen auf das Bestimmteste andeuten konnte (Mi et fa sunt tota Musica). Der Übergang von einem Hexachord ins andere wurde Mutation genannt und zur Erleichterung derselben benutzten die Schüler die Guidonische (harmonische) Hand, ein mechanisches Hilfsmittel, das jedem Fingergelenke und auch den Fingerspitzen die Bedeutung eines der 20 Töne von G bis $\overline{\overline{e}}$ beilegte und die Schüler befähigte, die Intervalle und Skalen gleichsam an den Fingern abzuzählen*). — Solange man bloß in jene Tonarten modulierte, die ein ♭ oder ein ♯ verlangten, war die Solmisation nicht gar so schwer. Als man sich aber nach und nach unserem modernen System der transponierten Tonarten näherte und nach Einführung der gleichschwebenden Temperatur die Töne cis, gis, dis und alle übrigen Chromata in die Modulation der Tonarten hineinzog, wodurch sich der Sitz des Halbtones sehr oft veränderte: da wuchsen die Schwierigkeiten der Guidonischen Solmisation zu einer unerträglichen Last für Lehrer und Schüler an, und M., der diese Schwierigkeiten durch viele Beispiele im „neueröffneten Orchester" nachweist, klagt oft, wie er in seiner Jugend mit der „nichtigen, verdrießlichen, verhaßten, abgeschmackten" Solmisation geplagt wurde.]

Obgleich Buttstedt nicht ohne Geschick die Solmisation verteidigte, that er doch, abgesehen davon, daß er „im Harst mit der Feder dem norddeutschen Angreifer des Arentinischen Blockhauses" in keiner Weise gewachsen war, in so ferne einen unglücklichen Griff, als er sich in diesem Kampfe hauptsächlich auf den von M. spöttisch Copista infatigable genannten Tonlehrer Athanasius Kircher († 1680) berief, der gar Vieles behauptete, was er nicht beweisen konnte, und sich zum Öfteren mystifizieren und lächerlich machen ließ. — Durch die Veröffentlichung seiner geistreichen, allen berühmten Musikern dedizierten Verteidigungsschrift: „Das beschützte Orchestre" 1717 erschütterte

---

* Wir dürfen dem Hexachordsystem die künstlerische Existenzberechtigung nicht absprechen; macht es doch die „für den architektonischen Aufbau der modernen Musik wichtigen Beziehungen zwischen Tonika, Dominante und Unterdominante anschaulich", beruht doch z. B. bei der Fuge die Transposition des Führers in die Quinte 'Gefährte' auf der unveränderten Stellung des mi-fa sowohl im Hexachord auf der Tonika, als auch in dem auf der Oberdominante u. a. m.

M. die Grundvesten des Solmisationsgebäudes aufs stärkste, hauptsächlich auch dadurch, daß er sich auf Autoritäten berief, welche bereits 50 und noch mehr Jahre vor Kirchers Verteidigung die Solmisation bekämpft hatten, z. B. von der Putten, Calvisius (den M. weit über Kircher stellt), Dr. Lippius (hat schon 1612 sieben Voces aufgenommen), Profius u. a., und nach Bekanntgabe der zustimmenden Briefe namhafter, von ihm in diesem Kampfe aufgerufener Zeitgenossen (darunter Händel, Telemann, Krieger, Heinichen 2c.) fiel dem Hamburger Domkapellmeister 1725 der Sieg vollständig zu. (Cf. Critica musica, 7. Teil, Orchesterkanzlei.)

Die Entwickelung der Musik wurde durch diesen Erfolg M.'s und seiner Anhänger ganz beträchtlich gefördert. Statt auf die Einzelheiten des Streites näher einzugehen, möchte ich lieber durch einige flüchtige Striche die neuerschlossene Bahn markieren, welche Theorie und Praxis von jetzt an Hand in Hand wandern konnten. Mit der bald allgemein gewordenen Einführung der deutschen Buchstaben zur Noten- und Tonbezeichnung bekam die vorher verleugnete oder nur stiefmütterlich behandelte siebente Stufe Sitz und Stimme in der zur Oktave abgerundeten Tonleiter. Durch die Übertragung der letzteren auf die verschiedenen Tonstufen gelangte unser vereinfachtes Tonsystem des Dur und Moll zur Alleinherrschaft. Das Dominium des Quintenzirkels und die jetzt völlig abgeklärten Beziehungen der Dominanten und Medianten zu einander, der häufigere Gebrauch der chromatischen Töne fis, cis, gis, dis, b, es, as, des, ges konnten nicht ohne Einfluß sein auf die Entwickelung der Melodie und Harmonie, auf die Kunst der Transposition, deren Wert M. in überzeugender Weise im „beschützten Orchester" verteidigte gegen Buttstedts Ansicht, es sei jegliche Transposition zu verwerfen. Die Modulationen werden nach und nach kühner; weiche, verminderte, modifizierte und übermäßige Akkorde treten in der „galanten Musik", jener Kunst, „alle Affekte der Seele auszudrücken", in sentimentalen und concitativen Arien, Recitativen und Ensembles je nach Bedarf häufiger auf, damit „der Klang, der süße Concentus, die fließende Melodie, die einnehmende Galanterie, die unzähligen, unvermuteten Einfälle, Erfindungen und artigen Veränderungen alle Neigungen der Seele rege machen können". Nicht die geringsten Vorzüge der in dem vereinfachten Dur- und Mollsystem wurzelnden, damals so verächtlich genannten „galanten Musik" sind zuletzt die Begünstigung des freieren Gebrauches der kontrapunktlichen Formen, die Beseitigung der meisten Hindernisse bei Einführung der gleichschwebenden Temperatur, die Ausbreitung der von jetzt ab leichter zu erlernenden musikalischen Kunst auf größere

Volksmassen und damit in letzter Linie durch die Extension der Hausmusik ein nicht zu unterschätzender Einfluß der musikalischen „Zuchtlehre" auf das Geistesleben des deutschen Volkes. — Hat auch die Musik der Zopfzeit die Überlieferung mittelalterlicher Tonkunst, die alten volkstümlichen Choräle und die klassische, keusche und reine Kirchenmusik des 16. und 17. Jahrhunderts auf ein volles Säculum in Vergessenheit zurückgestoßen, so eröffnet sich uns beim Vorwärtsblick eine um so erfreulichere Perspektive am Kunsthimmel: wir sehen die letzten, bunt krausen Wolken dieser revolutionären Stilperiode in der Morgenröte der Haydn-Mozart'schen Epoche verschwinden; ja der Rand des sonnigen Horizontes zeigt uns bereits jene eigenartigen harmonischen und melodischen Formentfaltungen, wie sie Beethoven, Schumann, Mendelssohn u. a. der deutschen Kunstwelt als Resultate ihres Studiums der mittelalterlichen Tonordnung auf Grundlage unseres vereinfachten Dur- und Mollsystems wieder schenkten.

Während das erste „Orchester" für einen „galant Homme, der kein Musikus", geschrieben ist, wendet sich „das forschende Orchestre oder dessen 3. Eröffnung" (1727) — „darin Sensus vindiciae et Quartae blanditiae, d. i. der verteidigte Sinnenrang und der verdächtige Quartenklang, untersuchet und vermutlich in ihr rechtes Licht gestellet werden" — an gelehrte, mit scharfer Urteilskraft versehene Musiker. In diesem 789 Seiten starken Buche bringt M. die bereits im 1. „Orchester" behandelten großen Streitfragen, welche zu Ende des 17. und zu Anfang des 18. Jahrhunderts die Theoretiker in Aufregung erhielten — ob in musikalischen Dingen die Zahl oder das Ohr oberster Richter sei, ob die Quarte als Kon- oder Dissonanz angesehen werden müsse — zur Besprechung. Daß M. als eingefleischter Praktiker und seinem Grundsatze getreu: „Musik müsse schön klingen, Auditus, Sonus dulcis, der süße Concentus sollen Richter in der Musik sein", auf Seite der Aristoxener (Harmoniker) gegen die Pythagoräer (Kanoniker) kämpfte, bei denen die Auffassung der musikalischen Verhältnisse eine streng mathematische, von der Ratio abhängige war, ist selbstverständlich. Während die letzteren die Musik als eine nur für Kenner und Gelehrte bestimmte Disziplin der Mathematik ansahen und die musikalische Kunst in starre Regeln zwingen wollten, suchten die Harmoniker, voran M., die Musik „dem eisernen Griff der Knochenhände toter Gelehrsamkeit und Scholastik zu entreißen", dieselbe als eine göttliche Kunst den breiten Volksschichten zu vermitteln und denselben zu zeigen, „wie man mehr Gout als Kunst, mehr Melodie als Weberstreiche, mehr Natürliches und Vernünftiges als Brodiertes und Galloniertes gebrauchen solle". — Die Bedeutung M.'s als Theoretiker und Ästhetiker wird am besten durch seine im „forschenden Orchester" hie und da eingestreuten, fortschrittlichen Ideen charakterisiert. So z. B. gibt er im 3. Kapitel des genannten Werkes einem Direktor u. a. folgende, heute noch zu beherzigende Regeln: „Mouvement ist ein ander Ding als Takt, auch eine ganz andere Sache als die Flickwörter: Adagio, Allegro etc. Man soll den Wohllaut über alles suchen. Lieber etwas von der übermäßigen Kunst zu Hause gelassen, falls das Gehör auch nur im Geringsten dabei leidet. Was die Natur und Erfahrung als wohl oder übel gethan lehren, das thue, setze, spiele, singe oder streiche aus, vermeide, übergehe und verschweige! Was der Zirkel macht, sind proportiones harmonicae, quasi minus harmonicae, die den Ohren wehe thun: als bellum quasi minime bellum; was aber also in ungemessenen Kehlen die Natur Wohlklingendes gelegt hat, das sind intervalla musica." — Als Harmoniker nimmt er in vielen seiner Schriften das musikalische Ohr kräftig in Schutz gegen die falschen Ansichten mancher Theoretiker, wie Werkmeister, der behauptet, man könne das Ohr bezüglich der Kon= und Dissonanzen täuschen, das Gehör wisse oft nicht, »tonum majorem et minorem« zu unter= scheiden u. s. w. „Man kann die besten Ohren verderben und ver= hudeln", sagt M., „man kann das schönste, delikateste Gehör, wenn man es tagtäglich plaget, lahm und schläfrig machen, daß es aus Gewohnheit, das Üble zu hören, die Empfindung verlieret. Aber, ein Gehör verderben, ist ein ander Ding, als ein Gehör täuschen. Das eine geschieht gar oft, das andere kann nimmer geschehen; deswegen meide ich mit allem Fleiße übelstimmende Konzerte." — Der 2. Teil des „forschenden Orchesters" und seine „Nachlese" behandeln erschrecklich ausführlich den Quartenstreit. Die meisten der dort zitierten Autoren, M. an der Spitze, betrachten die Quarte als Dissonanz, und das ist sie auch nach der heutigen Theorie in jedem Dur= und Mollakkord. Viele andere Zeitgenossen M.'s, welche die Quarte als umgekehrte Quinte ansehen, zählen sie zu den Konsonanzen. Dieser Streit mußte in dem Momente verstummen, als man später die von den Drei= und Vierklängen abgeleiteten Nebenharmonien als Akkorde mit eigenen Grundtönen und Namen auffaßte. In solchen Akkorden, z. B. im Quartsextakkord, ist die Quarte allerdings Konsonanz. War es unserem M. auch nicht beschieden, eine Einigung der Parteien zu er= zielen, so gebührt ihm doch das Verdienst, diese und ähnliche prin= zipielle Streitfragen fortwährend im Flusse erhalten, und so zur all= mählichen Abklärung derselben mit beigetragen zu haben. Schließlich möchte ich noch auf einen von M. aufgestellten Fundamentalsatz hin= weisen, der ohne Zweifel viel beitrug zur Entwickelung unseres modernen Harmoniesystems mit seinen Stamm- und abgeleiteten Akkorden. M. war nämlich der Erste, welcher im „forschenden Orchester", 3. Kapitel (Werkmeisteriana) lehrte, daß man „alle proportiones nach ihrem Fundamente und nicht nach Mittel- oder Oberstimme beurteilen soll, weil bei Versetzung der Akkorde alle nach dem Fundamente berechnete proportiones beständig ihre einmal gehabten Charakteres behalten; dahingegen solche Intervalla, die bloß nach den Mittel- oder Oberstimmen abgemessen werden, bei der Versetzung des Akkordes das Reißaus nehmen und nicht bestehen können".

Bevor ich den Einfluß M.'s auf die Entwickelung deutscher Tonkunst in seinem bereits oben berührten 4. Hauptwerke — Critica musica — bespreche, möchte ich ein äußerst lehrhaftes, vor dem 3. Orchester verfaßtes Werk des fleißigen Mannes streifen. Ich meine die mit dem Bildnisse des Verfassers geschmückte „exemplarische Organistenprobe", 1719. Sie besteht aus einer mit vielem gelehrten Wuste belasteten theoretischen Vorbereitung, „daß ein jeder sich selbst probieren soll, Quid valeant humeri, quid ferre recusent", und 48 praktischen Beispielen. Später wurde dies Buch zur „großen Generalbaßschule" umgearbeitet und etwas erweitert. Im ersten Teile der theoretischen Vorbereitung sucht er u. a. auch die Notwendigkeit und Berechtigung der durch die Vorteile der gleichschwebenden Temperatur in den Werken hervorragender Komponisten generell gewordenen, bei vielen seiner Zeitgenossen wegen ihrer Neuheit und vermeintlichen Schwierigkeiten nicht sehr beliebten transponierten Tonarten darzuthun, indem er auf „Lucretia", eine bekannte Kantate Händels in Fmoll, und ihre Modulationen nach Esmoll, Desdur u. a. Tonarten hinweist und dazu in seiner treuherzigen Weise pag. 16 meint: „damit ich aber noch ein Wort wegen obiger schwer- oder ungewöhnlich vermeinter Tone verliere, so nimm eine Aria zur Hand, mein lieber Freund, z. B. aus dem Esdur, deren es Schiffsladungen voll giebt; da wirst du Cadenzen, Modulationes und Accorde finden ins Gismoll, ins Gisdur (sc. Asmoll, Asdur) u. s. w., daß Dir, wenn Du wie ich besorge) in dergleichen Tonen nicht beschlagen bist und ex tempore oder à livre ouvert accompagnieren sollst, der Augstschweiß dabei ausbrechen, und der Zuhörer vermeinen wird, man ziehe ihm die Härlein mit Pincetten aus den Ohren heraus". Wenn er auch den Gebrauch der transponierten Tonarten beim Unterricht empfiehlt, so verurteilt er doch als Theoretiker ganz entschieden jede, durch kein Gebot der Notwendigkeit sanktionierte Transposition solcher Kompositionen, welche „von guter Hand und von solchem Maitre gesetzet worden, der am besten gewußt, was für ein Ton (sc. für eine Tonart sich schicke oder nicht schicke; denn die meiste Zeit wird ein Ding darüber verhudelt, und ein derartiges Beginnen ist ein Zeichen gar grober Unwissenheit und Unerfahrenheit". Wir müssen staunen über das eminent entwickelte musikalische Gefühl dieses merkwürdigen Mannes, zumal derselbe über den Charakter der Tonarten nur primitive, heutzutage längst überwundene Anschauungen hatte. — Der „noch nie recht ad Praxin gebrachten" gleichschwebenden Temperatur Neidhardts und Werkmeisters ist in diesem Abschnitte eine ausführliche Besprechung gewidmet; überhaupt hat M. durch Aufklärung und Aneiferung zur allgemeinen Einführung jener hochwichtigen Erfindung ungemein viel beigetragen. Ein Feind aller unnötigen Zahlvernünfteleien, gibt er stets der Praxis den Vorzug vor der Mathesis und ist zufrieden, wenn auf dem temperierten Klaviere die Intervalle der Oktave alle „rein und lieblich" klingen. — Bevor ich von diesem Werke scheide, möchte ich noch einige Worte über die Bedeutung seiner praktischen Beispiele verlieren. Dieselben sind nach der italienischen Arienform gebaute Da Capo-Stücke, in denen alle transponierten Tonarten zur Anwendung kommen, weshalb sich diese praktische Arbeit M.'s, mit dem 3 Jahre später erschienenen ersten Teil des „Wohltemperierten Klaviers" von Seb. Bach vergleichen läßt. Den als bezifferte Bässe notierten Probestücken sind originelle Erklärungen, quasi Unterrichtsbriefe, beigefügt, welche Aufschluß über die Art der anzuwendenden Imitationen und anderen kontrapunktlichen Durchführungen, der Verzierungen, Arpeggien und sonstigen Filigranarbeiten geben und zugleich als Fortsetzung und Anwendung des 1. Teiles wichtiges, umfangreiches Material aus der Harmonielehre und dem Generalbasse vorführen. So z. B. findet man bei den Erklärungen zum letzten Beispiele, pag. 245 ff, eine äußerst interessante Abhandlung — vielleicht die erste gedruckte — über den richtigen Gebrauch des Doppelkreuzes, Doppelbees und Auflösungszeichens. Dort macht M. den leider nicht zur Geltung gekommenen, gewiß aber recht praktischen Vorschlag, statt des Doppelbees ein einfaches Zeichen, das griechische β einzuführen. Sogar ein Probestück (Nr. 13) für 2 Klaviere findet sich in der Sammlung. „Man hat mit diesem Exempel einen Versuch thun wollen, wie ein Generalbaß in zwei differenten Partien auf zwei Klavieren zu spielen sei, und es hat sich bei der Probe gewiesen, daß es so gut als neu sei". — Um einen Fortschritt gegen die „zu trucken und in geringer Equipage" erschienenen Werke seiner alten Lehrer herbeizuführen, hat unser Musikpädagoge seine Probestücke so abgefaßt, daß sie das Interesse des Schülers erwecken sollen, „daß nicht nur ein Vorteil, sondern zugleich eine Belustigung daraus zu schöpfen sein mag. Derohalben in gegenwärtigen Piecen fast jederzeit ein gewisses Thema, welches, soviel der Wohlstand leiden will, beibehalten und so eingerichtet ist, daß auch die rechte Hand desselben, Exercitii gratia, dann und wann teilhaftig werden kann. Ich weiß es aus Erfahrung, daß diese Methode Fortgang schaffet, und kehre mich nichts an die konfusen Strohköpfe, die vorgeben, solche luxuriante Einfälle schicken sich nicht zum Generalbaß, der mit lauter spanischen Tritten einhergehen müsse". Daneben bringt er stetig auf „Reinlichkeit im Spiele", auf Angewöhnung eines Fingersatzes und fordert schon, wenn auch noch in dunklen Andeutungen und unbeholfenen Ausdrücken eine den ästhetischen Gesetzen entsprechende Phrasierung. — Seine Ansichten über die richtige, diskrete Führung des Taktstockes und die Philippika gegen das „unnütze Geprügel, Getöse, Gehämmer mit Stöcken, Schlüsseln und Füßen" sind nicht ohne Nutzen gelesen worden, wie er im letzten Hauptstück des „vollkommenen Kapellmeisters" versichert, „weil man seit dieser Zeit von diesem Unwesen so viel nicht vernommen hat". Durch die Anwendung verschiedener Tempobezeichnungen und aller nur denkbaren Taktarten, besonders aber durch den wechselnden Gebrauch der Schlüssel sind die Beispiele der „exemplarischen Organistenprobe" allerdings sehr lehrreich, aber auch sehr schwer, und wer dieselben in unserer, der Beschäftigung mit bezifferten Bässen leider abholden Zeit geläufig spielen kann, darf sich recht wohl ohne Ruhmredigkeit auf seine Kenntnisse im Generalbaßspiel etwas einbilden.

II. Die Critica musica.

Ein sehr wichtiges Werk von großem Einfluß ist die „Critica musica, das ist grundrichtige Untersuch- und Beurteilung vieler, teils vorgefaßten, teils einfältigen Meinungen, Argumente und Einwürfe, so in alten und neuen, gedruckten und ungedruckten musikalischen Schriften zu finden; zur nützlichen Ausreutung aller groben Irrtümer und zur Beförderung eines besseren Wachsthumes der feinen, harmonischen Wissenschaft, in verschiedene Theile abgefasset und stückweise herausgegeben." 1722. Sie gibt uns u. a. ein getreues Bild von den Feldzügen der musikalischen Schriftsteller, von der Heftigkeit des auf künstlerischem und litterarischem Gebiete entbrannten Parteikampfes, „von dem frisch aufsprudelnden, jugendlich kecken Kunstleben" dieser merkwürdigen Periode. — Um seine reformatorische Thätigkeit intensiver zu gestalten, um in dem wunderschönen musikalischen Garten das alte, tiefeingewurzelte Unkraut und Gesträuch mit aller Macht auszureißen, den Nachwuchs desselben zu verhindern und durch einen stetigen Tropfenfall das harte Gestein eher löcherigt zu machen, will es M. versuchen, statt eines Buches eine in Monatsheften erscheinende, vom Publikum deshalb lieber gelesene musikalische Zeitschrift herauszugeben, damit „der Angriff immer neu ist", wenn der Kampf »per Intervalla« vorgenommen wird. Die »Critica musica«, bereits 17 Jahre vor der bekannten Mizlerschen Monatsschrift „Neu eröffnete musikalische Bibliothek" erschienen, ist das älteste deutsche periodische Fachorgan und der Anfang der musikalischen Journalistik. So z. B. ist jenes, in den 2. Band der Cr. m. unter der Überschrift: „Des fragenden Komponisten erstes Verhör über eine gewisse Passion" aufgenommene, mit Recht absprechend gehaltene Urteil M.'s über die 1704 komponierte Johannespassion von Händel die erste deutsche, im Drucke erschienene Kritik. Im Ganzen gelangten von 1722 an 24 Monatshefte zur Ausgabe; dieselben wurden 1725 in 2 Bänden zu je 4 Teilen gesammelt.

Der 1. Teil der Cr. m. entrollt uns ein köstliches Bild von dem Streite zweier „Schriftgelehrten mit Zopf und Schwert", nämlich die litterarische Fehde des Münchener Kurfürstlichen Musikdirektors Murschhauser mit M. Ich muß mich, um dem Vorwurfe der Breitspurigkeit zu entgehen, kurz fassen, verweise aber diejenigen Leser, welche ein Interesse haben an der von Parteiwut und Zunftgeist diktierten klassischen Derbheit der Ausdrücke, bei welcher Gelegenheit die Urwüchsigkeiten und Hiebe hageldicht fallen, auf den bereits genannten Essai von L. Meinardus (pag. 42 ff.); dort ist auch eine prächtige Schilderung des von mir vorhin ebenfalls nur flüchtig berührten Streites zwischen M. und Buttstedt zu finden (pag. 34 ff.). Murschhauser, der „Musikdirektor des Churfürstl. hochansehnl. U. L. Fr. Collegiats-Stifts in München", will durch seine »Academia Musica-poetica bipartita« etc. „dem vortrefflichen Herrn Mattheson ein mehreres Licht geben und denen à la modischen herumflabbernden Komponisten den gebahnten ebenen Weg zum Parnasso weisen". M., durch die Hartnäckigkeit seiner Gegner in der Solmisationsfrage ohnehin stark gereizt, beweist diesem „Gregorianischen Tonkrämer" in der „Melopoetischen Lichtscheere" und ihren 3 „Schneuzungen" — solche originelle Kapitelüberschriften, ohne welche eine Disputation in der Zopfzeit gar nicht denkbar war, gebraucht der Hamburger Kritiker mit besonderer Vorliebe —, „daß hinter dem Berge auch noch Leute wohnen", indem er die einzelnen Lehrsätze des „bayerischen Lichtschmelzers" vordruckt und in sachlicher, oft geistreicher Weise glossiert. So z. B. begrüßt er den 6. Satz der „hohen Schul" folgendermaßen: „Hier kömmt nun das große Licht, die Hauptfackel, dabei sich einer die Hände wärmen kann. Es sind die Polterhansen der vermoderten Solmisation, die, wie ich glaube, nicht eher ruhen, bis man die Ossa verbrenne, wie der Hexen ihre.." Wir lesen pag. 3 (bei Murschhauser) folgendes: „Zur Vollkommenheit in der Erkenntnis der Stimmen und der Intervallorum wird auch die Solmisation erfordert, als welche alleinig die Intervalla eigentlich an den Tag zu geben und die Stimmen recht zu unterscheiden weiß. Kurz zu melden: die Solmisation ist nicht allein zur Erlernung der Instrumentalmusik sehr nützlich und vorteilhaftig, sondern auch sowohl zur Singkunst als Komposition höchst notwendig, dieweil sie das rechte Licht gibt und die Sekreta der Musik eröffnet". Dazu M.: „Zur vollkommenen Erkenntnis der Intervalle ist nicht die Solmisation, sondern die Temperatur das beste Mittel, weil alle Instrumente, und wenn's auch die Prager Orgel selbst wäre, nur elende Nachahmungen der Natur und der Kehlen sind, welchen immer ein langes und breites an der Vollkommenheit fehlet. Wie und welcher gestalt aber die Solmisation zur Erlernung der Instrumentalmusik dienen könnte, das möchte ich gerne bewiesen sehen. Licht her! Was einem Sänger nicht mehr nutzet, als das 5. Rad am Wagen, das wird gewiß einem Musico instrumentali, der jenen imitieren muß, noch weit ungelegener sein. Secreta musica endlich in Solmisatione zu suchen, stehet einem jeden frei; vom Finden aber wird man nichts vernehmen, wenn auch Diogenes Leuchte mit einem zehnmal geputzten, akademischen Lichte aus München dabei gebraucht würde.

Erst müssen wir wissen, was die Secreta musica vor Dinge sind, und worin sie bestehen: dann wird sich das übrige leichter geben. Wer aber meinet, sie stecken in cognitione Proportionum (die doch tausendmal besser aus dem Zirkul, als aus dem abgöttischen solmisieren zu erhalten ist) in bloßen Ligaturen, qua tales, in Kon- und Dissonanzen, in tonis gregorianis, in falsis bordonibus (der Satan hat solch Zeug nicht in der Hölle), ja gar in der allerhöchsten Kontrapunktschule, der dürfte einen trefflichen Blossen schlagen und sich grob verschießen. Das ganze Argument, so mir dieses Lumpenlicht präsentiert, lautet in substantia so: 1) Tritonus und Quinta diminutiva erfordern einen Unterscheid (wahr); 2) das Orgel-Klavier kann solchen nicht geben (wahr); 3) Ergo muß es die Solmisatio thun (falsch). Warum falsch? Practice weiset es die scala und locatio notarum, ich mag sie nennen, wie ich will, genugsam an, theoretice lehret es Logistica harmonica weit besser und akkurater. Verstünde unser

Hohe-Schulmeister nur diese, so würde ihm an seiner herrlichen Figur, darinn er pag. 4 dem tono majori und dem tono minori gleichviel commata beileget, nichts auszusetzen sein; nun aber mögen ihn die Herren theoretici von seiner Akademia zurückberufen und in ihre unterste Klipp-Klasse setzen, damit er die terminos differentiales, die harmonikalische Fibel erst lerne, ehe und bevor er sich unterstehe, eine hohe Schul anzurichten." So ist es dem schlagfertigen Kritiker, dem belesenen Theoretiker und erfahrenen Praktiker M. ein leichtes, seine freiheitlichen Ideen überall da aufrecht zu erhalten, wo sein Münchener Gegner noch im Alten befangen ist. „Geputzt! — Dreimal geputzt! — Viermal geputzt!" ruft M. aus, wenn er seinem Widerpart z. B. beweist, daß die Quinten auf dem Klaviere temperiert werden können und müssen, daß die alte Lehre von dem beschränkten Gebrauch der Terzen und Sexten falsch ist, daß die Quarte als Ligatur und die verminderte Quinte ohne Einschränkung im zwei- und mehrstimmigen Satz zulässig sind, daß auf eine reine Quinte eine verminderte folgen darf u. s. w. Charakteristisch für M. ist es, daß er die Richtigkeit seiner Behauptungen vorzugsweise durch Beispiele aus Händel's Klaviersuiten (1720, London) und Opern erweist.

Sehr interessant für die Erforschung der damaligen Musikzustände ist die von M. im 2. Teile der Cr. m. zwischen Italienern und Franzosen gezogene Parallele, welche sich in deutscher Übersetzung auf die Ausführungen des Abtes Raguenet (Paris 1702) über italienische, und die des Mr. Lecerf de la Vieville, Seigneur de Fresneuse (1712) über französische Musik stützt. Wer die musikalischen und besonders die Theaterzustände in Frankreich und Italien zu Ende des 17. und Anfang des 18. Jahrhunderts gründlich kennen lernen will, dem sei diese Matthesonsche Übersetzung aufs wärmste empfohlen. Den Absichten dieser meiner Schrift aber sind seine zahlreich eingestreuten Bemerkungen ästhetischen Inhalts ganz besonders entsprechend. Verwundern müssen wir uns, daß schon in der ersten Hälfte des vorigen Jahrhunderts ein Mann gegen die übertriebene, besonders in der Gegenwart wieder blühende Tonmalerei, sowie gegen den musikalisch-dramatischen Spektakel, der von jeher der Entwickelung einer dramatischen Musik hinderlich war, auftreten mußte. „Die Musik als ein Kind des Himmels", sagt er im Vorberichte seiner Übersetzung, „daher sie kommen ist, dahin sie wiederkehret und nicht mit Wiehern wie die Pferde*), sondern mit

---

*) M. spielt auf den scythischen König Anthäus an, dessen liebste Musik das Wiehern der Pferde war.

den allersüßesten, lieblichsten Melodien in höchster Zärtlichkeit und Vollkommenheit den Schöpfer ewiglich preisen wird, die weiß von keinem entsetzlich-dumpfigen Gebrüll und Knallen, von keinem entsetzlichen Gewühl, von keinem pfeifenden Gezische, von keinem Geheul, Geschrei, rasselndem Geräusch, Brausen und Brechen. Ein anmutiges Säuseln läßt man passieren, aber großes Sausen, gräuliches Geräusche, fürchterliches Gebrülle, stürmerisches Brausen u. s. w. sind lauter Opposita Musices und gehören in die Hölle, nicht in den Himmel ... Ein Musikus, der seine Lust daran findet, und es exercitii gratia etwan damit versuchen will, kann auch gewiß und wahrhaftig, ohne die geringsten (geschweige die innersten) Geheimnisse der Kunst zu öffnen, noch aus denselben NB die größten Zärtlichkeiten und Vollkommenheiten hervorzusuchen, leicht etliche Legionen häufig geschwänzter Noten darüber hinschmieren, damit es ja tüchtig rolle, heule, berste, tummle, brülle, zische, rassle und prassle; aber ad quaestionem: Ob das Musik sei oder ein musikalisches Wesen habe, dazu sage ich wahrlich: Nein, nein, nein! Für eine gemalte Poesie will ich's halten, ja, für eine poetische Malerei, die im Lesen und Deklamieren diejenigen Sachen, davon sie handelt, dem Gemüte mit ziemlicher Ähnlichkeit vorstellet und eindrücket; aber Musikalisches ist nichts daran". — Köstlich zu lesen ist sein Spott über die "poetischen Abgötter, die doch die Tage ihres Lebens lauter schöne Carmina zum Lesen und nie einen einzigen musikalischen Text verfertigt haben", über die Lipogrammatisten, über jene kindische Tonmalerei, die z. B. das 1. Kapitel Matthäi mit dem Geschlechtsregister des Heilands kontrapunktlich schildern, oder Bataillen, biblische u. a. Historien musikalisch darstellen — Kuhnaus biblische Historien in 6 Sonaten für Klavier (1700) sind gemeint — oder wie Frohberger's Allemande eine gefährliche Reise auf dem Rheine abmalen will u. s. w. — In der Novemberausgabe der Cr. m. vom Jahre 1722 beschäftigt er sich in satyrischer Weise mit jenen Komponisten, welche das Absurde, das Fremde, die übertriebene Modulation und das übermäßig lange Musizieren lieben. "Sie (die Deutschen), die in Italien waren und in Venedig bereits das ne quid nimis vergessen haben, wandern dermaßen durch alle, auch die allerfremdesten Tone, daß man zuletzt nicht mehr wissen kann, wo sie zu Hause gehören. Und wenn dieses noch mit einer guten, versüßeten Art geschehe, daß es eben die Ohren nicht so schrecklich choquirte, möchte es noch hingehen, aber nein, je toller, je besser; zugeplatzt muß werden, damit man nur sagen möchte: ,So hat mans noch nie gehört! Das ist fremd! Ergo ist es schön!' — Es ist ein großer Fehler in Sinn-Werken und absonderlich in der Musik, daß man nicht aufzuhören weiß. Maß muß gehalten werden, sonst verliert ein gutes Werk die Hälfte seiner Würde, wenn es zu lang gerät". Diese berechtigte Kritik M.'s an dem übertriebenen Wesen der Tonmalerei, Modulation und Ausdehnung mancher Werke seiner Zeitgenossen klingt so modern, als ob sie soeben einer unserer Ästhetiker vielen der heutigen Symphonisten und Konzertisten zugerufen hätte, welche durch die Schilderung optischer Erscheinungen die Aufgaben der Malerei, durch oft seitenlange Erklärungen einer Programmnummer die Aufgaben der Poesie in die Musik hineintragen, die Geduld des Zuhörers manchmal durch wahre Tonungeheuer voll gesuchter, absurder Themen, Modulationen und Harmonien auf eine herkulische Probe stellen und so in der Haarfrisur des 19. Jahrhunderts und mit dem Zopfe des vorigen einherstolzieren.

Der 4. Teil der Cr. m., „die canonische Anatomie" (4 Abteilungen oder „Schnitte") ist eine Disputation M.'s mit dem Wolfenbütteler Kantor Bockemeyer über die heute noch prinzipielle Streitfrage, ob das wahre Wesen der Tonkunst in der künstlichen, hauptsächlich den Verstand konzitierenden Form des Kontrapunkts, speziell des Kanons bestehe, oder in einer, das Herz bewegenden, charakteristischen und leichtfaßlichen Melodie zu suchen sei. Der Streit wurde einseitig ausgefochten, da sich die Parteien nicht auf den erhabenen Standpunkt unserer Klassiker aufzuschwingen vermochten, bei denen künstlerische Form und schöne Melodie zu einem Ganzen verschmolzen erscheinen. Doch blieb M. Sieger, nachdem er später zu Gunsten der „schönen Melodei" drei gewichtige Aussprüche Keisers, Heinichens und Telemanns beigebracht, den Kantor Bockemeyer damit zu seiner Ansicht bekehrt und zu seinem treuesten Freunde und Mitarbeiter gemacht hatte. M. ist in diesem Streite der Ansicht, daß die Imitation als das Natürliche zuerst war, daß später durch Regel und Zwang der Kanon und die Fuge aus der Praxis entstunden; mit den Regeln sei es aber wie mit dem Gesetze; wäre keine Sünde, so wären keine Gesetze; wären keine Fehler, so wären auch keine Regeln. Es folge nicht, lehrt M., daß der, welcher eine Fuge machen könne, gleichfalls die Fähigkeit zur galanten Imitation besitze. Mühe und Fleiß seien lange nicht so hoch zu schätzen, als schöne Erfindung, Lebhaftigkeit, guter Geschmack, hurtiges Naturell, presence d'esprit und gutes judicium, auch bei der allergrößten Freiheit. Wo diese fehlen, da werde eben dasjenige am allerschwersten, was die meiste Freiheit zulasse. Deshalb müsse jeder gute Komponist ein Original sein; die Kopien würden wenig oder nichts geachtet, und jedes plagium sei zu verwerfen. Alle armseligen Erfinder, wenn sie keine Melodie hätten, ahmeten sie dem Kuckuck und anderem unvernünftigen Viehwerk nach: welches zwar zum Zeitvertreib, aber sonst zu nichts nütze. Die Musik sei keine solche mimische Augenkunst, als die Malerei, sie gehe mehr auf das Innerliche und solle durchs Gehör mit schönen Gedanken und Melodien des vernünftigen Menschen Seele bewegen und erbauen. Ohne das Verständnis dieser Lehrsätze von dem Wesen der „galanten Musik" ist die Thätigkeit und staunenerregende leichte und große Produktivität eines Keiser, Mattheson und Telemann, sind die Jugendwerke Händel's gar nicht zu begreifen und zu beurteilen. — Von seinem Freunde Händel, der 1703 nach Hamburg kam, erzählt M.: Er setzte „sehr lange, lange Arien und schier unendliche Kantaten, die doch nicht das rechte Geschick oder den rechten Geschmack, obwohl eine vollkommene Harmonie hatten ... Er wußte fast nichts als lauter regelmäßige Fugen zu machen, und waren ihm die Imitationen so neu, als eine fremde Sprache, wurden ihm auch eben so sauer. Mir ist es am besten bewußt, wie er seine allererste Oper" — Almira, 1705 — „scenenweis zu mir brachte und alle Abend meine Gedanken darüber vernehmen wollte, welche Mühe es ihm gekostet, den Pedanten zu verbergen. Hierüber darf sich niemand wundern; ich lernte von ihm, so wie er von mir. Docendo enim discimus." Und wer will es dem fleißigen Manne verdenken, wenn er sich im 2. Schnitte der „kanonischen Anatomie" auch etwas Weihrauch streut und mit stolzen Worten darauf hinweist, daß er „ohne Ruhm zu melden wohl der erste ist, der auf Melodie hart und öffentlich dringet", daß vor ihm noch kein musikalischer Autor gewesen, „der diesen ersten, vornehmsten und schönsten Teil, welcher schier alle andern, auch die Harmonie selbst in sich faßt und als Unterjassen hält, nicht wie der Hahn die heißen Kohlen überhüpfet hätte". — Interessante Gedanken über das Verhältnis zwischen Melodie und Text enthalten M.'s Bemerkungen zu der Bockemeyerschen Schrift „Versuch von der Melodica". Im S. Teile der Cr. m., im „melodischen Vorhofe" lehrt der Hamburger Theoretiker u. a., daß die Musik mehr die Seelenkräfte, als des Leibes Zierrat zum Zwecke haben, daß sie mehr auf die Beleuchtung und Belebung der Gedanken, als auf die Schmückung der Worte gehen müsse. Die Melodie giebt nach seiner Ansicht erst dem Texte das rechte geistige Leben. Kein Text soll deshalb unter die Melodie gezwungen werden. Repetiert darf nur werden, „was einen vollen sensum hat. Die Wiederholung eines nichts-bedeutenden Wortes ist albern, aber das melisma auf einem solchen Worte ist noch weit alberner; denn die Worte sind der Leib einer jeden Rede, gar nicht der Musik. Die Gedanken oder der Verstand in den Worten sind die Seele der Rede, nicht der Musik. Die Melodie aber ist eine edle Krone dieses Leibes und güldene Sonne dieser Seelen". Unwillkürlich an Mozart werden wir erinnert, wenn M. behauptet, daß eine Musik, ob sie gleich nur mit „schlechten" (sc. schlichten) Worten versehen ist, dennoch ihre Reizungen nicht verliert, sondern viel ausrichten kann; wenn er die größeste und wunderbarste Geschicklichkeit des Komponisten darin findet, daß der Tondichter „geringe Worte mit dem Reichtum lebhafter Empfindungen so zu schmücken weiß, daß der Abgang fast nicht gemerket wird".

III. Der musikalische Patriot.

Die nächsten bedeutenderen Werke unseres einflußreichen Tonlehrers sind in chronologischer Folge „Der Göttingische Ephorus", 1727, und der „musikalische Patriot", 1728. Der erstere behandelt ausschließlich kirchenmusikalische Sachen, der letztere dieselben Gebiete in den ersten 12 Betrachtungen. Diese Partien sind in vorliegender Schrift im VI. Kapitel berührt, welches M.'s Thätigkeit und Einfluß auf dem Gebiete der protestantischen Kirchenmusik bespricht, pag. 97 und 109. — M.'s „musikalischer Patriot", den die Lexikographen Ernst Ludwig Gerber (1790) und Girsching (1800) als ein Werk bezeichnen, „das wegen seiner Seltenheit und wegen der guten Nachrichten, die es enthält, wo nicht eine ganz neue Auflage, doch einen guten Auszug verdiente", ist von unschätzbarem Werte für die Erforschung der damaligen Opernzustände; das Buch ist geradezu unentbehrlich bei der historischen Erforschung und Beurteilung der ersten deutschen Oper in Hamburg, wie dies unter zahlreichen andern Autoren auch Ernst Otto Lindner in seinem von echt deutschem Fleiße und gründlichem Wissen zeugenden Werke: „Die erste stehende deutsche Oper 1855" dadurch dokumentiert, daß er bei vielen hervorragenden Stellen seiner interessanten Schrift immer wieder auf die theoretischen und ästhetischen Auslassungen des „musikalischen Patrioten" M.'s zurückkommt und die historischen Notizen und Anmerkungen des genannten Buches fleißig benützt.

Im Gegensatz zu der an den deutschen Höfen gepflegten italienischen Oper — der geringe Sinn der einheimischen Fürsten für deutsche Kunst, sowie die Unfertigkeit der damaligen deutschen Sprache waren hauptsächlich im 17. Jahrhundert die Ursachen, daß eine deutsche Oper nicht sobald an den Fürstenhöfen zur Herrschaft gelangen konnte —

entwickelte sich in den größeren Städten aus der im Anfange des 17. Jahrhunderts blühenden Schulkomödie das deutsche Singspiel zu einer eigenen, den dramatischen Geist des deutschen Volkes pflegenden und fördernden Musikgattung. Der Hauptsitz dieser „deutschen Oper" war Hamburg, wo ihr durch die Munifizenz kunstsinniger und vermögender Bürger im dortigen Stadttheater eine Heimstätte bereitet und durch Aufführung der ersten deutschen Originaloper: „Adam und Eva oder der geschaffene, gefallene und aufgerichtete Mensch" von Joh. Theile am 2. Januar 1678 der Grund zu einem vaterländischen Musikdrama gelegt wurde. Die glänzendsten Namen unter den Komponisten und Dirigenten an der Hamburger Bühne sind Kusser, Keiser, Händel, Mattheson und Telemann. Es würde den Rahmen dieser Darstellung ungebührlich überschreiten, wollte ich die Geschichte der ersten deutschen Oper in Hamburg auch nur flüchtig streifen. Ich verweise vielmehr auf das oben genannte ausführliche Buch Ernst Otto Lindners und bemerke noch kurz, daß Blüte und Verfall dieses populären Unternehmens ganz nahe bei einander lagen. Denn die Hamburger Oper trug, obwohl ihr Einfluß auf die Entwickelung der deutschen Musik kein geringer ist, den Todeskeim schon bei ihrer Geburt in sich, weil sie im Gegensatz zur höfischen, italienischen Oper, von der Gunst des gesamten Publikums finanziell über Wasser gehalten, den verschiedenartigsten Anforderungen der Gebildeten und der großen Menge Rechnung tragen und infolgedessen den einheitlichen Kunststil aufgeben mußte. Daher erklärt es sich, daß zur Handlung gehörige Gesänge schließlich auch in plattdeutscher, französischer oder italienischer Sprache vorgetragen, daß neben diesem Sprachmischmasch die Arien anderer beliebter Komponisten in die Handlung eingeflochten, oder die einzelnen Akte einer Oper von verschiedenen Dichtern und Komponisten verfaßt wurden*). Um die Massen zu kitzeln und die

---

*) Gegen dieses, jeder künstlerischen Einheit der Oper hohnsprechende, Verfahren erhob M. schon in der Critica musica 1722 seine warnende Stimme: „Sollte dergleichen Aristokratie ferner bei den Opern einreißen" — er redet von der Oper „Muzio Scaevola", in welcher die einzelnen Akte von Buononcini, Mattei und Händel herrührten — „so dürfte vors erste schwerlich unter den Komponisten ein Monarch entstehen, und viel weniger unter denen hiesigen Ortes". — „Wahr ist's, daß in England sowohl als hier seit einigen Jahren viele Dramata schändlich zerflickt, zerlappt und wie ein Harlequinskleid mit allerhand artigen Lumpen ausstaffirt worden sind. Aber die Verfasser sind daran nicht schuld, sondern bisweilen die Caprice einer Sängerin, bisweilen der Unverstand eines Direktoris, welcher meinet, was nur schön sei, müsse sich gleich an allen Orten passen; bisweilen auch der Gout bei den Zuschauern, welchen man es öfters nicht bizarr genug machen kann".

Frequenz des Theaters zu steigern, griff man nicht selten zu den in Venedig beliebten Intermezzi, indem man verschiedene Einakter zu einem Produkte von ungeheuerlicher Heterogenität zusammenfaßte; ja man brachte, als alles das nicht mehr ziehen wollte, eine Art komischer Oper mit frivolen Intriguen und derben, klobigen Lokalwitzen auf die Bühne. Schon im Erscheinungsjahr des „musikalischen Patrioten" trat, wie es unter diesen Umständen nicht anders sein konnte, ein merklicher Verfall der Hamburger deutschen Oper ein. Die gebildeten Stände blieben nach und nach den Aufführungen fern, und „eine siegreiche Opposition von musikalisch-theologischer Seite" unternahm in Wort und Schrift den Kampf gegen die in ihrer Blütezeit zu den kühnsten Hoffnungen berechtigende, nunmehr auf ganz falschen Bahnen wandelnde Operngattung. „Diese Bekämpfung", sagt Lindner pag. 140, „welcher die Geschichte der deutschen Musik den vollständigsten Sieg zuspricht, ging von dem geistreichsten musikalischen Schriftsteller, einem ehemals geübten Opernsänger, Kapellmeister, Opernkomponisten und Übersetzer aus — von Mattheson selbst."

Während nämlich die eine Partei der Opernfeinde von der Kanzel gegen das „Satanswerk" eiferte, die andere nach polizeilicher Abhilfe rief, schlug M. den sicheren Weg der Belehrung und Aufklärung ein, indem er in seinem „musikalischen Patrioten" durch ästhetische, ethische und soziale Gründe nachzuweisen suchte, daß die Hamburger Oper in den zuletzt angenommenen Formen nicht mehr existenzberechtigt war, daß die Herrschaft auf musikalisch-dramatischem Gebiete längst einer anderen Kunstgattung, nämlich der Oratorien- und Passionsmusik zugefallen sei. — Wie Reinhard Keiser (geb. 9. Januar 1674 zu Teuchern bei Weißenfels, gest. 12. Sept. 1839 zu Hamburg) die musikalische, praktische Seite der Hamburger Oper repräsentiert, so ist mit dem Namen Mattheson der theoretische, ästhetische Teil derselben verknüpft. Doch möchte ich noch einige Streiflichter auf M.'s Thätigkeit als Opernkomponist werfen, bevor ich ihm auf das theoretisch-ästhetische Gebiet folge, das er mit souveräner Macht wie kein zweiter beherrscht. — Mit dem genialen, überaus rasch produzierenden Keiser, der sich bis 1728 ausschließlich der Opernkomposition widmete und zuletzt auf die stattliche Zahl von 116 dramatischen Werken zurückblicken konnte, vermag sich M., der es bloß zu der bescheidenen Summe von 8 Opern brachte, nicht zu messen. Aber diesen Bühnenwerken jeden künstlerischen und historischen Wert absprechen, dem Kompositionstalente M.'s jegliche Achtung versagen zu wollen, wäre ungerecht und von einer einseitigen, parteiischen Beurteilung nicht weit entfernt. Was an den Jugendopern Händels,

Keisers und Telemanns zu tadeln und zu loben ist, das kann man, ohne Widerspruch fürchten zu müssen, zum größten Teile auch auf M.'s Opern „Plejades" (1699), „Porsenna" (1702), „Cleopatra" (1704) u. a. übertragen. Wie bei den anderen Komponisten der Hamburger Bühne, so treten uns auch in diesen Opern jene seichten Texte entgegen, welche die antike Götter- und Heldengeschichte den Zuschauern oft ohne jede Spur von idealem Gehalte zu vermitteln suchen. Von einem einheitlichen Kunstwerke, von einem Plane, der die Erfordernisse eines musikalischen Dramas berücksichtigt, ist keine Rede. Insbesondere verhinderte der scenische Pomp jegliche Entwickelung einer dramatischen Musik. Die Harmonie ist manchmal recht dürftig, und dieser Armut entsprechen so recht die fast durchweg bloß mit der Baßstimme begleiteten Recitative. In den Duetten und Terzetten sind noch nicht die einzelnen Charaktere der Darsteller unterschieden, so daß diese Tonstücke vorwiegend bloß als mehrstimmige Gesänge erscheinen. Die Instrumentation der Ouverturen, der meisten Arien und Finales besteht hauptsächlich in der Anwendung des Streichorchesters, das M. hie und da durch eine Solo-Violine oder Solo-Bratsche noch mehr belebt. Doch finden sich Arien, in denen er gewisse Affekte durch eine bestimmte Tonfärbung zu charakterisieren sucht; dann nimmt er Flöten, Oboen u. a. Instrumente dazu. Cf. die Beispiele aus „Henrico IV." Nr. 2, 3 und 4. Nicht genug kann an den Keiserschen und Matthesonschen Opern der Umstand gerühmt werden, daß dort fast alles gesungen, daß mit ganz geringen Ausnahmen ein deutscher Text von einer deutschen Musik begleitet und getragen wird. Insbesondere hat sich M. von den „protzigen Italienern und prahlerischen Franzosen" frei zu machen gesucht, und eine ausgesprochene Opposition gegen die Ausländer zieht sich wie ein roter Faden durch fast alle seine Werke. Annerkennenswert sind auch seine Bestrebungen, den Textinhalt durch einen treffenden musikalischen Ausdruck wiederzugeben, Stimmung und Situation, wenn auch nur im Allgemeinen, zu charakterisieren und treffende Motive, sowie charakteristische Harmonieverbindungen zu erfinden. Die Deklamation ist bei M. durchweg eine natürliche, hauptsächlich deshalb, weil er im Einklange mit seiner Forderung, daß die dramatische Schreibweise „so singen lehre, als ob man nur rede, und wiederum so zu reden wisse, als ob man nur singe", den sinnstörenden Gebrauch der Koloraturen fast überall aufgiebt. Mit seinen Arien, die nicht wie bei den Italienern aus der Motette, sondern aus dem Liede entwickelt sind und durchaus nichts Schablonenhaftes an sich tragen, erzielt er oft hohe dramatische Wirkungen. So erscheint uns M., bei dem sich die ersten Keime dramatischen Ausdrucks und treffen-

der Charakteristik finden, als ein Vorläufer Glucks und Mozarts. —
Noch zu erwähnen ist, daß er sich zu der Oper „Boris Goudenon,
oder die mit der Neigung glücklich verknüpfte Ehre", 1710, den Text
selbst dichtete. Derselbe findet sich, von M.'s Hand geschrieben, auf
der Hamburger Stadtbibliothek in dem Bande »Miscellanea Matthesonia«. Der „Dichterkomponist" ließ dieses Werk nie aufführen.
Eine bis zur völligen Abneigung sich steigernde Unlust am Theaterwesen, der beginnende Verfall der Hamburger Oper und die verschiedensten Chikanen vor und hinter den Kulissen mögen mit die
Ursachen gewesen sein, weshalb dieses Werk seiner ureigensten Muse
nicht zur Aufführung kam. Als er 1711 seinen „Henrico IV." auf
die Bühne brachte, mußte er die meisten Arien deshalb drucken lassen,
„damit sie nun eine günstigere Aufnahme fänden, da bei der Aufführung
Neid, Malice oder Unwissenheit die Zuhörer alles andere, nur keine
Harmonie hätten hören lassen". —

Wenn wir M.'s theoretisch=ästhetische Abhandlungen über das
Wesen und die Bestimmung der Oper im „musikal. Patr." lesen — er
hat zumeist die Hamburger Bühne im Auge — so erscheinen uns der
Hang zum Religiösen, sowie die, seiner jetzigen Thätigkeit eigene
musikalisch=theologische Richtung als die wichtigsten Phasen der Charakterentwicklung dieses eigenartigen Mannes. Er, der früher mit
seinem Freunde Reinh. Keiser zu den Repräsentanten der Hamburger
Lebewelt und liebenswürdigen Flattergeister gehörte, betrachtet jetzt
das Opernwesen, nachdem er von den „gläsernen Gottheiten der
Schaubühne und illuminierten Scenenhelden" Abschied genommen
und später das Kanonikat am Dom übernommen hatte, von einer
ganz anderen, ernsten Seite. Zunächst sucht er zu beweisen, daß
„Theatrum" von jeher ein sehr ehrwürdiges Wort und Ding war
und etwas „Ernsthaftes und Heiliges, Abgesondertes und Erhebliches"
bedeute. Als die logische Folge seines Grundsatzes: „Alles, was auf
die Menschen wirken soll, muß theatralisch sein, und ist auch theatralisch", erscheint sodann, gleichsam als Einleitung zu seinen späteren
Betrachtungen über das Opern theater, die von ihm durchgeführte Erweiterung des Begriffs „Theatrum". So schildert er eingehend und
nicht ohne Absicht das dramatische Wesen im protestantischen Gottesdienste, im „Regierstande" (Krönungen, Huldigungen, Einzüge,
Audienzen), in der „heiligen Justiz" (Schafott, Galgen, Pranger).
„Was sind die Promotiones und dabei vermachten Ceremonien anders,
als ein ehrwürdiges Schauspiel?" fragt M., wenn er dem „Lehrstande
auf Universitäten" eine dramatische Seite abzugewinnen sucht. Beim
„Wehr= und Kriegsstande" bezeichnet er feierliche Vorstellungen, Para=

ben, Musterungen, Märsche, Gefechte als »Theatres de la Guerre«; hochzeitliche Ehrenmahle, Geburtsfeste, Gevatternstände sind ihm dramatische Vorstellungen im „Nähr- und Hausstande". Sogar ein Leichenbegängnis ist in seinen Augen eine theatralische Handlung.

Höchst interessant sind die im „mus. Patr." mit der 13. Betrachtung beginnenden Ausführungen M.'s über das Theater im allgemeinen und besonderen, über den wahren Endzweck und Nutzen eines guten Operntheaters, über die Theaterbesucher, über die Ursachen des verdorbenen Geschmacks, sowie über die Gründe des Verfalls der Hamburger Oper. „Wenn man", sagt er, „philosophisch vom Theater reden wollte, so ist solches zweierlei: ein allgemeines und ein besonderes. Jenes ist die ganze Welt, dieses ist eine Abbildung derselben im Kleinen. Jenes enthält manchen Scherz unter seinem Ernst; dieses manchen Ernst unter seinem Scherz. Jenes muß der Ehrsucht, Gewaltthätigkeit und vielen Affekten herhalten; dieses nur allein dem Mißbrauch, der Gleichgültigkeit und dem Spott. Jenes hat wichtige und ewige Folgen; dieses ziehet wenig nach sich, währet und ergötzet nur eine Zeit lang etliche besondere Kenner; denn die Übrigen sehen es an, wie die Kuh das neue Thor, oder wie eine Viehmagd die Gemälde von Michel Angelo. Auf jenem Theatro bringt man sein ganzes Leben zu, auf diesem nur einige Stunden. Jenes endlich ist ein Original; dieses eine Copie." — Zum Opernteater übergehend, bezeichnet er dasselbe als eine kleine Kunstwelt, auf einer ansehnlichen Schaubühne errichtet und dazu gemacht, „daß durch geschickte Personen und Maschinen große Dinge und rühmliche Thaten musikalisch und angenehm nachgeahmt werden". Daraus folgert er, daß man als Opernpersonal nur gelehrte und erfahrene Leute, kein „zusammengerafftes Gesindel" gebrauchen könne, daß bloß hohe Sachen und keine „Pickelhäringspossen" auf das Opernteater gehören. Nach M.'s Ansicht sollen Oper und Theater veredelnd und bildend auf die Massen wirken. Der wahre und einzige Endzweck der Schauspiele muß deßhalb der sein, daß die „Tugend gepriesen, das Laster beschämt, die Ungewißheit menschlicher Hoheit mit Fingern gezeigt, die geschwinde Veränderung der Ehren bemerkt und das unglückliche Ende aller Gewaltthätigkeit und alles Unrechtes gewiesen werde. Die sonderbaren Eigenschaften des Stolzes und der Hoffahrt sollen durchs Theatrum bloßgestellt, Thorheit und Falschheit verächtlich, und durchgehends alle bösen Dinge zu Schanden und Spott gemacht werden". Die bloße Ergötzlichkeit dagegen darf als Zweck des Theaters stets nur secundo loco stehen; denn gefährlich und unvernünftig ist es, wenn dieselbe zur Hauptsache wird, wenn die Besucher „kaltsinnig sind, maßen ihnen der Ort weiter zu nichts dienet als zur Gesellschaft, oder, wenn's hoch kömmt, zu einer unschuldigen Ergötzung an der lieben Musik, falls sie etwas davon verstehen". Solche Leute sollten nach seiner Ansicht das Theater überhaupt meiden. Im Verlaufe seiner Ausführungen sucht M. die Aufmerksamkeit auf jene Hindernisse zu lenken, welche dem wahren Endzweck des Operntheaters entgegenstehen und den Verfall der Kunst herbeiführen. Als solche Gegenströmungen bezeichnet er den unsittlichen Lebenswandel mancher „Opernleute", sowie das Bestreben, obscöne Texte in Musik zu setzen und statt tugendreicher Vorstellungen „Marktschreierzoten" öffentlich und und musikalisch aufzuführen, wodurch die Musik mißbraucht und „das Lob des Höchsten hintangesetzt wird". Doch dürfe man nicht glauben, daß er deshalb Opern mit erlaubter „Kurzweil" ausschließen wolle. „Es muß vielmehr eine Abwechslung der Lust halber da sein, und eine Lust der Besserung halber, welche Besserung man durch ergötzliche Vorstellungen, wenn sie in ihren Schranken bleiben, oft mehr, als durch trockene Lehrsätze erhält." Die Singspiele dürfen aber keine „Geringspiele" sein, und das spöttische und lächerliche Wesen derselben sollte man getrost den Komödiantenbühnen überlassen. Geschieht das nicht, und ziert man trotzdem solche „verkehrte, böse Opern" mit Melodien, so kommt es ebenso heraus, als wenn man Schlangen und Kanarienvögel, Tiger und Löwen zusammenpaart. „Die Leute", heißt es weiter, „lachen auch zwar erst ein wenig darüber; doch zuletzt thut ihnen der Magen weh. Wer sich zu diesem Kornbranntwein einmal gewöhnet, dem schmeckt hernach weder der beste Tokayer, noch das beste Wildpret: er verliert allen Appetit. Und das nenne ich den verdorbenen Geschmack." M. ist mit dem alten Satze: de gustibus non est disputandum nicht einverstanden. Die Gründe eines rechten, gesunden Geschmackes müssen nach seiner Ansicht bei allen Vernünftigen außer Streit sein. Schön reden sei Singen, wie denn von allen Poeten das canere gesagt werde; obwohl die wenigsten heutzutage was davon verstünden und doch darüber räsonieren möchten. Man könne nicht schöner reden, als durch Musik. Das allererste Erforderniß aber sei Melodie, Inventio und wieder Melodie und Inventio. Diese müsse charakteristisch sein und dürfe daher vor Allem nicht mit Koloraturen überladen werden. „Es zürnen auf einem feinen Operntheater keine Hopfenmarktsweiber oder Karrenschieber. Wenn aber ein König zürnet, braucht er ganz andere, edlere Ausdrückungen dazu, als wenn ein gemeiner Mann zankt. Wie kann man z. B. einem heroischen König ebenso solche ha, ha, ha, ha in den Mund legen, wie einem jungen Liebhaber und mühsamen Ständchenbringer?

Das kommt nur davon her, daß man so selten die Charaktere unterscheidet". Von jener Forderung, der Deutlichkeit des Ausdruckes zu liebe den Gebrauch der Koloraturen zu beschränken, ist aber die andere Grundregel M.'s, in der Musik stets den natürlichen Ausdruck zu wählen, nicht zu trennen. „Die Musik", sagt er in dieser Beziehung „hat einen göttlichen, himmlischen, gebenedeiten Ursprung und ist, soweit sie diese Welt angeht, in der selbständigen Natur gegründet. Die Natur giebt uns Regeln. Uns nur, nicht sich. Die Regel der Natur ist die Natur selbst. Und diese leitet uns alle bei der Hand. Diese Hand aber ist nichts anderes als sensus, und in Musika absonderlich auditus."

Berücksichtigen wir neben diesen, wenn auch oft zopfigen, so doch sehr einflußreichen Ansichten noch die hohe Achtung, welche M. den guten Opern zollt, indem er dieselben als die „besten Musikschulen" und diejenigen Kantoren, welche zuvor beim Theater waren oder im Opernstil bewandert sind, als in der Regel brauchbarer und musikalisch gebildeter, denn andere bezeichnet: so dürfen wir uns nicht wundern, wenn er zuletzt die Opern »quoad musicam, in eben dem praedicato als Universitäten, quoad cetera studia« nennt. Freilich dürfe man nach seiner Meinung, wie vom Studentenleben, so auch von ihnen keine beständige Profession machen. — Leider wurden die guten Ratschläge M.'s von den Direktoren der Singspiele nicht befolgt: immer tiefer sank die erste deutsche Oper in künstlerischer und materieller Hinsicht. Dagegen gewann eine, aus dem deutschen Singspiel zum Teil hervorgegangene Kunstgattung täglich neue, begeisterte Anhänger: die religiös-dramatische Oratorien- und Passionsmusik nahm um diese Zeit längst eine dominierende Stellung ein, und der größte Teil der Bevölkerung zog es vor, dem weihevollen Kirchen- und Kunstgesange in den Oratorienaufführungen zu lauschen, statt sich an den Lokalwitzen der deutschen Singspielbühne oder an dem Flittergold und der Kehlfertigkeit italienischer Primadonnen zu ergötzen. Und wenn M. in seinem „mus. Patr." als den letzten Grund für den Verfall der Hamburger Opernbühne den verdorbenen Geschmack mit den »Operas comiques« bezeichnet, wenn er ferner behauptet, eine Opera comique (wie die Hamburger) widerspreche sich selbst, wie ein höllisches Paradies, so hat er damit das Ausgelebtsein der ersten Gestalt der deutschen Oper schlagend nachgewiesen und zugleich jener vorhin genannten, musikalisch-religiösen Richtung die Wege geebnet, die in Händel, Bach, Graun u. a. ihre Erfüllung gefunden hat. In dem der Hamburger Stadtbibliothek gehörigen Exemplar des „mus. Patr." findet sich, von M. als handschriftliche Ergänzung beigefügt, folgender

Nekrolog über diese, einst so hoffnungsreiche Epoche: „Endlich wurde das alte Opernhaus, so über 70 Jahre gestanden, auf dem Einbeckischen Hause von der Wittwe Sentruppen mit allen Maschinen öffentlich im Ausruf an einen Zimmermeister Namens Marquard um 3025 Mark Banko verkauft. Solches geschah 1750, den 7. Januarii."
— Es geschah ein Jahr zuvor, als Händel mit „Jephta" die Zahl seiner unsterblichen Oratorien abschloß, und in demselben Jahre, als das protestantische Deutschland den Schwanengesang Joh. Seb. Bachs, seines größten Kirchenmusikers, vernahm; es geschah zu einer Zeit, als die Heroen der evangelischen Kirchenmusik durch ihre Oratorien und Passionen auf religiös=dramatischem Gebiete Ruhmesernten hielten, die nicht zum geringsten Teile einer frühzeitig ausgestreuten Saat M.'s entsproßten, jenes großen Theoretikers und Kritikers, der weniger durch seine eigenen Kirchenkompositionen, als durch zahlreiche Schriften einem beträchtlichen Teile des deutschen Volkes das Verständnis für diese, der musikalischen Kunst neu eröffneten Gebiete und jene riesigen Geisteswerke erschließen half.

IV. Der vollkommene Kapellmeister.

Das umfangreichste und wichtigste theoretische Werk M.'s, „Der vollkommene Capellmeister, d. i. gründliche Anzeige aller derjenigen Sachen, die einer wissen, können und vollkommen inne haben muß, der einer Capelle mit Ehren und Nutzen vorstehen will", 1739, in fol. 5 Alph., 11 Bogen ohne die 8 Bogen lange Vorrede, behandelt die in den 3 „Orchestern", in der »Critica musica«, in der „großen und kleinen Generalbaßschule", 1731 und 1735, sowie im „Kern melodischer Wissenschaft", 1737, oft recht knapp abgehandelten, wichtigen Materien aus der Musiktheorie und Ästhetik in ausführlicher*) und manchmal so geistreicher Weise, daß dieses Werk geradezu ein grundlegendes**) genannt werden muß. Wurzelt doch der so zahlreich verästelte musikalische Bücherbaum unseres Jahrhunderts mit seinen Blättern über Harmonielehre, Kontrapunkt und Kompositionslehre,

---

*) Mattheson bringt oft einen wichtigen Gegenstand in mehreren Büchern, „jedoch mit anderen Umständen" zur Sprache, „daß es besser kleben soll und weil daran gelegen ist".

**) H. v. Riehl, Mus. Charakterköpfe, I. p. 68: „So ist in M.'s ‚vollkommenem Kapellmeister' der Grundbau einer Ästhetik der Tonkunst gegeben, auf dessen Hauptpfeiler unsere Kunstphilosophen bis in die neueste Zeit weitergebaut haben."

über musikalische Kunstphilosophie u. dergl. in letzter Linie zumeist in diesem großartig angelegten Werke M.'s, und manche neueren Forschungen und ihre Ergebnisse auf den vorhin genannten Gebieten bringen verwandte Saiten im „vollk. Kapellm." zum Mittönen; ja, oft finden wir bei M. Auffassungen und Theorien, die, wenn sie unser Jahrhundert berücksichtigte oder zur Ausführung brächte, epochemachend sein und als neu erscheinen müßten. War doch M. derjenige Mann, welcher infolge seiner universalen Bildung mit den Kunstanschauungen des klassischen Altertums innig vertraut war, dem zahlreiche Werke bedeutender Italiener und Franzosen zu Gebote standen, der den unsterblichen Tonschöpfungen eines Händel und Bach sowie den ewig schönen Melodien Reinh. Keisers als Zeitgenosse lauschen konnte, der wie kein zweiter befähigt war, das Gebiet der Kunst, welches sich der Genius der Musikheroen auf seinem Adlerfluge für Jahrhunderte eroberte, mit kritischem Blicke zu überschauen, aus jenen gewaltigen Kunstwerken, unterstützt von einer reichen praktischen Erfahrung, gewichtige theoretische Regeln und Lehren zu abstrahieren und dieselben in gesunder, kerniger, deutscher Sprache seinen zahlreichen Schülern und Jüngern zu vermitteln. Ich glaube deshalb vielen Musikern einen Dienst zu erweisen, wenn ich, obgleich in gedrängter Form, näher auf dieses merkwürdige Buch eingehe, wenn ich es unternehme, M. als den großen Theoretiker und geistreichen musikalischen Schriftsteller des 18. Jahrh. im Lichte des „vollkommenen Kapellmeisters" zu schildern.

Schon die Vorrede dieses Buches, der er als ein Feind aller Halbheiten nicht ohne Absicht folgendes Citat von Erasmus voranstellt: »Pleraeque res sunt, quas si facias acriter, plurimum conducunt; sin ignaviter, officiunt. Velut ea, quod genus est Musica Poëticaque. Sunt rursus quaedam, quae degustasse sit satis«, ist sehr merkwürdig. Wird doch im 4. Abschnitte derselben, welcher als Fortsetzung der Abhandlungen im 3. „Orchester" gelten kann, das Haupt der „Pythagoräer", der Leipziger Professor Lor. Christoph Mizler, † 1778, Herausgeber der „musikalischen Bibliothek", ein auf die Wichtigkeit der Mathematik in musikalischen Dingen schwörender Gelehrter, heftig angegriffen. M. giebt zu, daß die Mathematik eine weit um sich greifende Instrumental-Disziplin sei, welche in der Harmonik, auch in der Notenschreibkunst, bei der Geltung der Zeitmaße, ingleichen bei Verfertigung von allerhand Instrumenten zur Verstärkung des Schalles und Widerschalles, so viel die äußere Form betrifft, fast solche Dienste thue, wie die Buchdruckerkunst in der allgemeinen Gelehrsamkeit. Das sei kein Geringes, obwohl in Anbetracht des Ganzen nur ein Kleines. Doch, wie Mizler zu glauben und zu lehren, die Mathematik sei der Musik Herz und Seele, die Gemütsveränderungen, welche durch Singen und Klingen hervorgebracht werden, hätten bloß in den äußerlichen Verhältnissen der Töne ihren Grund, sei noch viel ärger und irriger. — „Des Herzens Bewegung (beim Anhören der Musik) hat ihren Grund in den sehr verschiedenen Begriffen, die das Gemüt den vielfältigen Umständen nach mit ihnen verbindet. Die Seele wird gerührt durch die geschickte, immer neu ersonnene und unerschöpfliche Zusammenfügung, Abwechslung, Anwendung, Mischung, Eigenschaft, Ab- und Einführung, Erhöhung, Tiefe, Schritte, Sprünge, Verweilung, Beschleunigung, Wendung, Stärke, Schwäche, Heftigkeit, ordentliche und außerordentliche Bewegung, Besänftigung, Aufschub, Stille und tausend andere Dinge mehr, die kein Zirkel, kein Lineal, kein Maßstab, sondern nur der edlere, innere Teil des Menschen begreifen und beurteilen kann, wenn ihn Natur und Erfahrung unterrichtet und belehrt hat." — „Alles, was in der Musik vorgehet, gründet sich auf die mathematischen Verhältnisse der Intervalle ungefähr so, wie etwa die Schiffahrtskunst auf Anker und Taue. Der Kompaß aber ist doch ein ganz anderer und edlerer Wegweiser als Masten und Wind. Die Natur bringt den Klang und alle seine, auch die größestenteils noch unbekannten Verhältnisse hervor. Der Mathematikus hat sich von jeher viele Mühe gegeben, diesen Klang und dessen Verhältnisse in Ordnung und Rechnung zu bringen, welches aber bis dato noch gar nicht völlig geschehen ist, auch vermutlich in dieser Welt nimmer geschehen wird, weil es mit den Klängen ins Unendliche fortgehet. Der Musikus hergegen beurteilet und verbessert diese mangelhafte und gewissermaßen ohne Wirt gemachte Rechnung und weiß sich wohl damit zu behelfen, daß er seine Klänge zu einer wunderbaren Wirkung bringet. — Intervalle müssen wir haben. Wer tanzen will, muß Schritte und Sprünge thun können. Aber, wer die Intervalle nach ihrer Zirkelgröße und die Schritte nach ihrem Fußmaß am allerbesten kennt, weiß darum noch lange nicht, wie er geschicklich mit den ersten umgehen und etwa durch Hilfe der anderen ein Frauenzimmer auf angenehme Art führen soll. Wir rühmen nicht den Pinsel, sondern den Maler. — Die Mathematik hat keine Herrschaft über die Liebe, über die Musik, über die Natur. — Menschliche Gemüter gleichen dem Papier; Mathesis ist die Feder, Klänge sind die Tinte, aber die Natur muß der Schreiber sein. — Geschickte Bildhauer wußten vorlängst die äußerlichen Verhältnisse menschlicher Gliedmaßen ziemlich wohl anzugeben. Das hatten sie durch ihre Augen und Hände aus dem großen Buche der

Natur abgenommen; denn es sind sicht- und fühlbare Dinge. Hernach hat man das bereits Bekannte mit Zirkeln und Linien genauer abgemessen; allein der Ursprung, das Herz und die Seele menschlicher Geschöpfe und Schönheit steckt deswegen nimmermehr in dergleichen mathematischen Abmessungen, sondern diejenige Kraft, die Gott in die Natur gelegt hat. Ich habe viele Portraits machen, aber niemals einen Maßstab dabei gebrauchen sehen. — Es giebt unzählige innerliche Verhältnisse, die sich von großen Künstlern malen, aber von niemand messen lassen. Ich meine des Menschen Gemütsbewegungen, welche sich in den allerfeinsten Gesichtszügen und geringsten Wendungen der Augen, Muskeln, Linien u. s. w. unbegreiflicher Weise verraten und verändern. Evocat in vultus animi conamina pictor*). Da hört die Mathematik ganz auf, und da fängt die wahre Schönheit erst recht an. Also: die guten mathematischen Verhältnisse machen nicht alles aus. Das ist ein alter, eigensinniger Irrtum, — die unendliche, unbegreifliche, unermeßliche Mischung; die gescheide und geübte Anwendung; die ungenannte, angeborene und nie zu erlernende Anmut;. das, ich weiß nicht was; die innerlichen, natürlichen und moralischen Verhältnisse, samt derselben herzrührenden Gebrauch enthalten die wahren Kräfte melodischer und harmonischer Wirkungen zur Erregung des empfindlichsten Wohlgefallens. In der Physik und Naturkunde liegen demnach die ersten, aufrichtigen Gründe der Tonkunst. — Die Tonkunst soll aus dem Brunnen der Natur, nicht aus den Pfützen der Arithmetik ihr Wasser schöpfen. Die Musik ist über, aber nicht wider die Mathematik."

Aus diesen Bestrebungen M.'s, die Musik als einen eigenen, sehr bedeutenden Kunstzweig hinzustellen, erklärt sich sein rastloser Eifer, das Ansehen der „musikalischen Wissenschaft" und ihrer Vertreter nach allen Seiten hin durch gründliche theoretische und historische Durchforschung der musikalischen Gebiete zu heben. Sind doch die ersten Anfänge musikalischer Vereinigungen wie das „Cymbalische Reich" (gegründet vom Kapellmeister Adam Krieger, † 1666) und die „Societät der musikalischen Wissenschaft" (gegr. von Mizler 1738) charakteristische Zeichen dieser Zeit, die uns das stürmische Vorwärtsstreben der Gelehrten auf einem, obgleich uralten, so doch verjüngten Kunstfelde erkennen lassen. Im 7. Kapitel der Vorrede u. a. a. Orten seiner Werke fordert deshalb M., es müsse die „harmonische Wissenschaft" auf großen und hohen Schulen (Universitäten) von ordentlichen und tüchtigen Lehrern (Professoren) vorgetragen werden, wie vor Alters hin

---

*) In die Blicke verlegt des Geistes Blitze der Maler.

und wieder in Spanien, Italien, Frankreich und Deutschland geschehen sei und noch in England geschehe*). Er ist sogar erbötig, für diese seine Lieblingsidee pekuniäre Opfer zu bringen, wenn er schreibt: „Ich wollte meines Teiles gerne etwas zur Stiftung eines musikalischen Professorats in Leipzig testamentlich vermachen, wenn nur einige Gehilfen da wären. Könnte in meiner Vaterstadt etwa ein Lektor auf diese Weise am Gymnasium bestellet werden, würde mir's zehnmal lieber sein."

Der I. Teil des „vollkommenen Kapellmeisters" enthält eine in Kapitel eingeteilte „wissenschaftliche Betrachtung der zur völligen Tonlehre nötigen Dinge". Wir begegnen da wieder seinen alten Lieblings- und Grundsätzen: „Alles muß gehörig singen"! „Musika ist eine Wissenschaft und Kunst, geschickte und angenehme Klänge klüglich zu stellen, richtig aneinander zu fügen und lieblich heraus zu bringen, damit durch ihren Wohllaut Gottes Ehre und alle Tugenden befördert werden." Deshalb widmet er das 3. Kapitel dem Klange und der „musikalischen Naturlehre". Er vergleicht ganz richtig den Klang in der Luft mit der Zirkelbewegung der durch einen eingeworfenen Stein bewegten Wasserfläche und ist über das Wesen der Obertöne völlig unterrichtet. Als Praktiker rät er den Komponisten, die Aliquottöne der Kunst nutzbar zu machen und in ihren Instrumentalsachen solche Saiten fleißig ins Spiel zu bringen, „die mittelst der natürlichen Beistimmung andere ihres gleichen verstärken, sich im Klange vereinigen und den Wohllaut unvermerkter Weise verdoppeln". Schließlich untersucht er die Wirkungen der Musik auf die Gemütsbewegungen und Leidenschaften der Seele, die er als wahre Materien der Tugend bezeichnet, welche ein vollkommener Kapellmeister (sc. Komponist) völlig inne haben muß, „sonst kann er Tugend und Laster nicht mit seinen Klängen vorstellen und dem Gemüte des Zuhörers die Liebe zu jenen (Tugenden) und den Abscheu vor diesen (Lastern) nicht geschickt einflößen". „Denn das ist die rechte Eigenschaft der Musik, daß sie eine Zuchtlehre vor andern sei." Mag man es auch als Naivetät der Zopfzeit bezeichnen und darüber lächeln, wenn M. den Komponisten theoretisch zeigen will, wie die Affekte der Freude,

---

*) Solche an Universitäten oder Gymnasien lehrende Musikprofessoren waren
  Franchinus Gafurius, † 1522 zu Mailand;
  Francisco de Salinas, † 1590 zu Salamanca;
  Joachim Fabricius, † 1647 zu Stettin;
  Joh. Georg Ebeling, † 1676 zu Stettin;
  Joachim Mayer, † 1732 zu Göttingen, u. a. —
Die Universität Oxford besaß zu M.'s Zeit bereits ein Musikprofessorat.

der Liebe, der Begierde, der Traurigkeit u. a. musikalisch-psychologisch darzustellen seien; wenn er sich gegen jede zu ausgedehnte Schilderung des Äußerlichen, Zufälligen ausspricht und auf Erfassung der inneren Verhältnisse, der psychologischen Vorgänge des musikalisch darzustellenden Seelenlebens bringt: das darf ihm die Musikgeschichte nicht vergessen, daß er zuerst den frivolen Auffassungen seiner Zeit über Zweck und Wesen der Kunst als ein wahrer Priester Apollos entgegentrat und dieselbe von ihrer ethischen Seite betrachtet wissen wollte, damit sie zu einem wichtigen Erziehungsfaktor des Menschengeschlechts werden könne; daß er zuerst von den Komponisten eine subjektive Empfindung der zu schildernden Affekte und Leidenschaften verlangte, damit ihre Wirkung auf das Gemüt des Tondichters zu natürlichen Ausgangspunkten einer charakteristischen Musik würde; daß er es hauptsächlich war, der den Kapellmeistern und Komponisten das Studium des Seelenlebens, die Verbindung der Naturlehre des Klanges mit der Affektenlehre und Psychologie immer wieder ans Herz legte, um sie zu einer zielbewußten Thätigkeit anzuleiten. — Im Zusammenhange mit M.'s. Behauptung, die Musik sei eine Zuchtlehre, steht der Inhalt des 5. Kapitels: „Vom Gebrauch der Musik im gemeinen Wesen", das von der politischen Wichtigkeit und staatsmännischen Bedeutung der musikalischen Kunst handelt. — Die Kirchenmusik, welche er für einen beträchtlichen Teil des öffentlichen Gottesdienstes hält, zählt er zu den Vorboten der Reformation, und für die große Bedeutung, die er diesem Teile der „politisch-musikalischen Lehre" beimißt, sprechen seine hohen Anforderungen an die Kapellmeister, Kantoren, Organisten, Sänger, Instrumentalisten und Chorknaben, sowie der Wunsch „keine Diener (Prediger) des göttlichen Wortes zuzulassen, die der Musik unerfahren sind." — Das öffentliche, weltliche Musizieren bedarf nach seiner Ansicht „einer großen obrigkeitlichen Ausbesserung, falls dasselbe gute Bürger und tugendhafte Einwohner und nicht vielmehr zu allerhand Ärgernis, Üppigkeit, sündlicher Galanterie und Verschwendung Anlaß geben soll." Diese staatliche Aufsicht über die Musik sucht er durch den Hinweis auf Griechenland zu rechtfertigen, „wo es sich die Vornehmsten zur Ehre rechneten, bei den prächtigen Schauspielen und musikalischen Übungen die Aufsicht zu führen". Das 3. Stück dieser Lehre, die Pflege der Hausmusik, „ist das Wichtigste, weil es jedes Mitglied des politischen Körpers, also den Einzelnen betrifft, weil es dessen Gemüt und Bewegung mäßigen, den Leib bezwingen und in steten Schranken halten soll*)." — Eines

---

*) Plato: Die Sitten der Menschen ändern sich mit der Musik, wenn dieselbe

der interessantesten Kapitel ist das sechste, welches von der Hypokritik*) (Pantomimik) handelt, die aber M. mit dem trefflichen deutschen Ausdruck „Geberdenkunst" bezeichnet. „Die Lehre von der Geberdenkunst", sagt er, „ist nicht nur sehr alt, sondern so uralt, daß sie ganz neu zu sein scheinet." „Unter der Hypokritik steckt oft die größte Urteilskraft, und ohne eine geschickte Leibesstellung und anständige Mimik kann keine einzige Verrichtung in der Welt rechte Art oder einen gehörigen Nachdruck haben". Da vor und nach M. recht wenig über dieses wichtige Thema geschrieben wurde, dürfte es sich verlohnen, eine kleine Blumenlese aus diesem musikalischen Pflanzgarten M.'s zu geben. „Die Geberdenkunst", lehrt er, „hat wirklich mehr Nachdruck, als alle Worte". „Die Unerfahrensten, der gemeine Mann, die Ausländer werden dadurch bewegt. Worte rühren niemand, der die Sprache nicht versteht; scharfsinnige Sprüche schicken sich nur für scharfsinnige Köpfe, aber wohlangebrachte Minen begreifet jedermann, auch die zarten Kinder, bei welchen weder Worte noch Schläge so viel ausrichten, als ein Blick". — „Wer den Namen eines wahren Tonmeisters behaupten will, der muß über diese Materie unterrichtet sein"; denn nach M.'s Ansicht ist die Pantomimik (Tanzkunst) „eine stumme Musik, losgelöst von melodischen und harmonischen Formen, der rein rhythmische Schattenriß eines Tonstückes". — „Ein Komponist kann leicht aus Unkenntnis dieser Kunst dem Akteur nicht nur sehr wenig Gelegenheit zur Aktion geben (welches doch die Hauptsache ist), sondern ihm auch diese Gelegenheit aus lauter Unwissenheit der Geberdenkunst wohl gar abschneiden". Wie bei allen wichtigen Abhandlungen in seinen Werken, so sucht er auch jetzt der Kirchen- und Konzertmusik, sowie der Bühne einen Dienst zu erweisen, indem er durch Kritik und Satyre eingenistete Fehler in der Geberdenkunst auszurotten sucht. An den singenden und spielenden „Chor- und Konzertrednern" tadelt er, daß sie die ernsthaftesten und heiligsten Sachen oft mit frecher Stirn plaudernd, lächelnd, tändelnd absingen und herspielen, dagegen bei einem erfreulichen Dankfeste manchmal durch Zank, Zorn und Widerwillen den andächtigen Zuhörern Ärgernis geben. In Konzerten findet er den Lärm mit dem Taktschlagen, sowie die oft unschönen Stellungen und Pantomimen der Spieler störend. „Kann wohl ein aufmerksamer Zuhörer zum Vergnügen beweget werden", fragt er, „wenn er ein Dutzend Geiger vor sich siehet, die

---

verändert wird. — Cicero: Wenn die Sitten anders würden, bekäme auch die Musik eine andere Gestalt.

*) Hypokritika, weil sie nach Cassiodorus eine Art stumme Musik ist.

keine andere Verdrehungen des Leibes machen, als ob sie böse Krankheiten hätten? Wenn der Klavierspieler das Maul krümmt, die Stirne auf und nieder zieht und sein Antlitz dermaßen verstellet, daß man die Kinder damit erschrecken möchte? Wenn viele bei den Windinstrumenten ihre Gesichtszüge so zerreißen oder aufblähen, daß sie solche in einer halben Stunde hernach mit Mühe wieder in die rechten Falten und zur natürlichen Farbe bringen können?" — „Die kaltsinnigen Deutschen" — er lobt zuvor die strengere Beobachtung einer richtigen Geberdenkunst bei den italienischen und französischen Sängern — findet er bei kläglichen oder fröhlichen Gemütsneigungen stets steif und unbeweglich; „sie singen ihre Kantaten ganz ehrbar und stramm daher, als ob es ihnen gar kein Ernst um den Inhalt wäre, kümmern sich um den rechten Ausdruck nichts und verstehen oft nicht die Absicht der Worte. Und daher kommt es u. a., daß die Musik ihrer Kraft und Wirkung beraubet wird." — „Die Erkenntnis der Minen bei den vorzustellenden Personen (Geberdenkunst auf der Bühne) kann oftmals eine Mutter guter musikalischer Erfindungen sein; denn gleichwie die Malerei, deren vornehmstes Wesen die Stellung ist, für ein stummes Gedichte nach dem Ausspruche des Horaz, Plato, Aristoteles u. s. w. gelten kann (mutum est pictura poema), also müssen hergegen alle Sing-Gedichte redende, ja klingende Gemälde sein, dabei die Worte statt der Zeichnung, die Töne aber als ein Kolorit dienen". — „Die Klänge sind die Worte der Musik, der Gesang ist eine Klangrede", behauptet er im 8. Kapitel, welches von der Kunst, die Melodien aufzuschreiben, handelt. Wie in der Schriftsprache, so verlangt M. auch für das Reich der Töne eine Grammatik, Sprach-, Schreib- und Lesekunst, und fordert für die Tonkunst Rechtschreiberegeln und orthographische Schranken. Deshalb tadelt er „eigensinnige Komponisten", welche enharmonische Töne durch ein und dieselbe Notenform ausdrücken, wie es das Klavier durch eine Taste thut; er ist nicht einverstanden mit jenen Neuerern, welche die Klangschlüssel verwerfen, die „mit unter- und übergezogenen Linien ein solches Labyrinth zur Welt bringen, daraus sich kein Gelehrter, geschweige ein Erstlernender mit Ariadnes Faden ziehen kann", und wendet sich gegen jene Theoretiker, welche, wie Franz de la Fond, statt der Buchstaben Zahlen zur Notenbezeichnung einführen wollen, „ohne zu bedenken, was in den übrigen, viel wichtigeren Stücken der Tonkunst für Unheil entstehen könnte."

Während sich viele gelehrte Männer dieser Zeit über oft recht geringfügige Sachen bis auf den Tod zankten und stritten und dabei dickleibige Bücher zusammenschrieben, die uns heute wegen ihrer

Seichtigkeit ein Bedauern, wegen der Pedanterie ihrer Verfasser oft ein Lächeln abgewinnen, finden sich bei dem großen Hamburger Kritiker unter dem zopfigsten Geschnörkel, unter einem hie und da aufgespeicherten gelehrten Wust doch viele originelle und einflußreiche Gedanken. Hierher gehören u. a. seine im II. Teile (1. Hptst.) niedergelegten Ratschläge über die Art und Weise der Stimmen- und Tonbildung*), über die von Sängern und Sängerinnen zu beobachtende Diätetik, wobei er den Gebrauch „süßer Schmiereien" verbietet, seine Vorschriften über Haltung und Stellung der Sänger, von denen er u. a. verlangt, daß sie gerade stehen, sich beim Singen nicht setzen, nicht von einer Seite zur anderen wanken, nicht das Haupt in den Nacken werfen, nicht in den Bart singen, auch die „Chartete" nicht zu nahe an Mund und Augen halten sollen u. f. w. An diese Ratschläge reihen sich weitere Ausführungen über die „Eigenschaften eines Musikvorstehers und Komponisten, die er außer seiner eigentlichen Kunst besitzen muß." Zu der, von dem Weißenfelsischen Konzertmeister Joh. Bär († 1700) in den „musikalischen Diskursen" (gedruckt 1719) angeregten Frage, ob ein Kapellmeister notwendig auf Universitäten studiert haben müsse, nimmt M., von der ganz richtigen Voraussetzung ausgehend, daß Poeten und „Melopoeten" zu ihrer Kunst geboren sein müssen, wohl auch mit Rücksicht auf seinen eigenen Bildungsgang eine völlig bejahende Stellung nicht ein; doch verlangt er von einem vollkommenen Kapellmeister Verständnis des Griechischen und Lateinischen, damit derselbe die häufig in diesen Sprachen geschriebenen Bücher über Musik studieren könne, und gründliche Kenntnis jener Teile der Weltweisheit, ohne welche niemand ein rechtschaffener Dichter sein kann. „Denn", heißt es weiter, „wenn ich Einen Dichter (auch Tondichter) nenne, so nenne ich mehr, als einen großen Weltweisen, mehr als einen Sittenlehrer, mehr als einen Vernunftlehrer, mehr als einen Meßkünstler. In alten Zeiten waren die rechten Tonmeister zugleich Poeten, ja wohl gar Propheten." Der Komponist soll poetischen Geschmack haben, damit er unter den dichterischen Erzeugnissen stets eine glückliche Wahl treffe. Das Wesen

---

*) Das dort angegebene Mittel, die Stimme tüchtig auszuschreien, damit sie kräftig und modulationsfähig werde, ist von M. doch wohl nur in humoristisch-satyrischem Sinne verordnet, wenn er rät: „Man grabe sich eine kleine, doch tiefe Grube in die Erde, lege den Mund darüber und schreie die Stimme da hinein, so hoch und so lange, als nur immer ohne großen Zwang geschehen kann. Dadurch werden die Klangwerkzeuge überaus glatt und rein, wie ein Blasinstrument, das desto anmutiger klingt, je mehr es gebraucht und durch die Luft gesäubert wird".

der. Singkunst muß dem Komponisten, auch wenn er keine Stimme hat, geläufig sein; denn nach M.'s Forderung, die wohl für alle Zeiten Geltung haben wird, müssen im mehrstimmigen Satze „alle Stimmen und Parteien ebensowohl oben und unten, als in der Mitte einer Harmonie nach ihrer gebührenden Art ein gewisses Cantabile aufweisen und so beschaffen sein, daß sie sich füglich ohne Zwang und Widerwärtigkeit, obwohl nicht alle in gleicher Schönheit singen lassen: und wenn die Sätze auch nur bloßen Instrumenten gewidmet wären." Von der Oberstimme und dem Basse verlangt er, daß beide in „feiner Melodie einhergehen und hervorragen". — M. ist ein Freund des „ungenierten Phantasierens". „Diejenigen (Komponisten), so ihre Gedanken erst mit Phantasieren entdecken, wenn es auch auf eine noch so wilde Art geschähe, und bequemen sich allgemach zu gründlichen Dingen, weisen das meiste Feuer und sind wirklich die allerbesten". Vom Komponisten und Direktor verlangt er ein munteres, aufgeräumtes, unverdrossenes, arbeitsames und thätiges Wesen. Insbesondere schätzt er nach dem Sprichwort: „das Talent ist Fleiß", an einem Musiker sehr hoch „die Arbeitslust, das Laufen in den Schranken, das beständige Nachdenken und Studium". M. erachtet im Gegensatz zu den meisten seiner Zeitgenossen das Bereisen Italiens der musikalischen Kunst halber nicht für unumgänglich notwendig, „weil oftmals Gänse in Welschland hineinfliegen und Gänse wieder herauskommen, und weil diese verreiseten Gänse sich auch gerne mit vielen thörichten Schwanen- und Pfauenfedern, ich will sagen mit großen, geborgten Schwachheiten und unsäglichem Hochmut zu bestecken und schmücken pflegen, weil es auch solche giebt, die Italien nie gesehen und doch viele andere, auch geborene italienische Virtuosen weit übertreffen." — Schließlich giebt er allen Direktoren und Komponisten den guten Rat, viele gute Musik zu hören und wenig nachzuahmen. Freilich sollen aber auch einem fleißigen und talentvollen Musiker Ehre, Lob, Liebe und Belohnung, überhaupt der äußere Erfolg nicht mangeln, wie M. im Kapitel: „Von der melodischen Erfindung" ausführt, „sintemal selbst die allermutigsten Pferde dann und wann einen Sporn nötig haben". In Deutschland darf nach seiner Meinung noch mehr zur Aneiferung der heimischen Künstler geschehen; denn „in Ermanglung dieser Anlockungen werden bei uns Deutschen viele gute Köpfe niedergeschlagen und unterdrücket, daß ihnen die Flügel schwer werden, und die Geister sich nicht so frei erheben dürfen, als sie wohl könnten und gerne wollten". — In dieser Abhandlung ist ihm, wenn er von den „unerschöpflichen Quellen der Erfindungen" handelt, neben dem Locus notationis (der Fähigkeit der Noten, resp.

der Intervalle, in alle möglichen Beziehungen und Veränderungen zu einander zu treten), der locus descriptionis, „das unergründliche Meer der menschlichen Leidenschaften", eines der sicherften, reichsten und wesentlichsten Hilfsmittel zur Invention. Weiter nennt er u. a. als eine Fundgrube guter Erfindungen die „Materia circa quam, mit welcher oder um derentwillen die Gedanken eines Komponisten sich bei seiner Arbeit beschäftigen." „Zehn gute Setzer", ruft er aus, „sind oft nicht im Stande, einen einzigen, guten Sänger zu machen, aber ein einziger guter Sänger, absonderlich eine schöne und kunstreiche Sängerin vermag leicht zehn gute Komponisten zu erwecken: so daß diese bisweilen nicht wissen, woher ihnen die verwunderungswerten Einfälle kommen". — Wie schon früher angedeutet, sucht M. das musikalisch Schöne, gleich der griechischen Kunst, in der ausdrucksvollen Melodie, zu der er eine, den Kunstgesetzen entsprechende Harmonie fordert. „Die Griechen", sagt er, „nannten ihre Komposition nur eine Melopoëie, d. i. die Verfertigung der Melodie. Darin bestund bei ihnen fast die ganze Musik; damit thaten sie große Wunder. Was rührte des Augustinus Herz in der Ambrosianischen Gemeine? Was drang bei der evangelischen Reformation so tief in die Seele? Was ist es noch heutigen Tages, das so vielen Leuten in großen Kirchen bald die Thränen aus den Augen, bald aber die Zunge zum Frohlocken reizet?" Selbstverständlich stellt der Hamburger Anwalt der schönen Melodie auch sehr hohe Anforderungen an dieselbe. M.'s Regeln von den Eigenschaften einer guten Melodie werden, so lange es eine musikalische Kunst giebt, Geltung behalten. Die Melodie muß nach seiner Ansicht 4 Haupteigenschaften haben; sie muß leicht, deutlich, fließend und lieblich sein. Ich will, um mich kurz zu fassen, von den 33 Unterabteilungen dieser 4 Haupteigenschaften bloß jene der Leichtigkeit anführen, um zu zeigen, wie ernst es M. mit der Kunst nahm, welch' tiefes Verständnis und welch' große Gesichtspunkte ihn bei der Aufstellung seiner Regeln leiteten. Zuerst verlangt er, daß in einer guten Melodie (in einem Thema) „ein Etwas sein müsse, ein, ich weiß nicht was, welches, so zu reden, die ganze Welt kennet". Doch warnt er vor abgenützten Dingen und alten, verbrauchten Formeln. Bei der zweiten Regel, es müsse alles gezwungene, angemaßte und gar zu weit hergeholte Wesen mit Fleiß vermieden werden, bemerkt er zu den Arbeiten affektierter Komponisten: „Gemeiniglich, wenn es guten Leuten an artigen Erfindungen und am Geiste fehlet, dabei sie doch nicht andere Setzer handgreiflich ausschreiben und bestehlen wollen, pflegen sie rechte Sonderlinge zu werden und ihre Zuflucht zu lauter eigensinnigen Grillen zu nehmen: suchen also den

Abgang natürlicher Fruchtbarkeit mit wunderlichen Seltenheiten zu ersetzen. So schwer nun solches den Verfassern werden mag, so verdrießlich geht es auch den Zuhörern ein". Zur dritten Regel, daß man der Natur am meisten, dem Gebrauch aber nur in etwas folgen solle, bemerkt er: „Nichts kann leichter und bequemer sein, als was uns die Natur selbst an die Hand gibt, und kein Ding wird schwer fallen, das der Gebrauch und die Gewohnheit gut heißen." — „Man setze die große Kunst auf die Seite oder bedecke sie sehr, d. h., verwerfe alle Künstelei!" — „Den Franzosen soll hierin (in der melodischen Leichtigkeit) mehr, als den Welschen nachgeahmt werden!" — „Die Melodie muß gewisse Schranken haben!" — sind die nächsten Grundsätze über die Leichtigkeit der Melodie. Zum Schlusse empfiehlt er, die Kürze der Länge vorzuziehen, weil eine kurzgefaßte und nicht zu weit ausgedehnte Melodie leichter zu behalten sei, als eine lange und gereckte. „Dem Zuhörer soll unsere Komposition leicht dünken, wenn sie uns auch viel Plage gemacht hat. Wir müssen es so fein machen, als wäre es nur ein Spielwerk, ob uns gleich oft ein heimlicher Schweiß dabei ausbricht, den gleichwohl niemand merken muß".

Durch solch gründliche, natürliche und populäre Darstellung seiner Stoffe, besonders auch durch die große Zahl seiner Werke mußte M. einen nachhaltigen Einfluß auf das damalige Musikleben gewinnen, um so mehr, als seine Bücher von Musikdirektoren, Kantoren, Organisten, Stadt- und Musiklehrern gerne gelesen wurden. Ein Hauptvorzug unseres Meisters besteht schließlich darin, daß er stets interessant zu schreiben versteht, daß er unablässig bestrebt ist, solche Themata in den Kreis seiner Betrachtungen zu ziehen, die vor ihm gar nicht oder nur dürftig besprochen wurden. Er fragte nie, wenn er einen musikalischen Gegenstand behandelte, welches die angenehmste, sondern welches die notwendigste Materie sei. Wir dürfen es dem ehrlichen Manne glauben, wenn er in seinen interessanten Abhandlungen von der Länge und Kürze des Klanges, von der Verfertigung der Klangfüße, von den Zeitmaßen, vom Nachdrucke in der Melodie, von den Ab- und Einschnitten der Klangrede, von der Metrik, vom Unterschied zwischen den Sing- und Spielmelodien, von den Gattungen der Melodien und ihren besonderen Abzeichen behauptet, die meisten Komponisten hätten es hierin zu weiter nichts, als zu verwirrten, undeutlichen Begriffen (scientiae confusae), aber zu keinen Kunstformen gebracht. Seine Theorien stützen sich in diesen Kapiteln stets auf gute und geschickt gewählte Notenbeispiele, wie wir dies, um ein Exempel unter vielen herauszugreifen, aus den rezitativischen Fragmenten ersehen können, die sich bei dem Lehrsatze finden: „Wo in dem Text ein Sprachaccent befindlich ist, da muß sich auch unfehlbar allemal ein Singaccent melden".

(Falsch.)*)

[musical notation]
Sie machten ein Teil, ei=nem jeg=li=chen Kriegsknecht ein Teil.

(Gut.)

[musical notation]
Sie machten ein Teil, ei=nem jeg=li=chen Kriegsknecht ein Teil.

„Die Lehre von den Incisionen (distinctiones, interpunctationes, positurae u. s w. genannt) ist die allernotwendigste in der ganzen melodischen Satzkunst, wird aber doch so sehr hintangesetzt, daß kein Mensch bisher die geringste Regel oder nur einigen Unterricht davon gegeben hätte: ja man findet nicht einmal den Namen in den neuesten musikalischen Wörterbüchern", schreibt M. in der Einleitung zum 9. Kapitel. Seine eingehenden Betrachtungen und instruktiven Lehren über diese wichtige Materie, wenn er, gestützt auf ein gründliches Studium der Grammatik, Rhetorik und Poesie, mit kritischem Blicke die Grenzen zwischen musikalisch brauchbaren und unbrauchbaren Gedichten zieht, oder von den Komponisten und ausübenden Musikern gebieterisch die getreueste Beachtung aller Motive, Gruppen, Sätze, Perioden, sogar der geringsten Incisionen fordert und so, als der Erste, auf dem Gebiete der Vortragskunst heute noch gültige Normen festsetzt, sind ebenso interessant und müssen von demselben Einfluß auf seine Zeitgenossen gewesen sein, als sein Eifer gegen die, an dem bloßen „kahlen" Laut der Wörter sich „vergaffende" Tonmalerei. Wie im 2. Bande der Critica musica, so spottet er auch jetzt über jene Onomatopoëten, welche z. B. bei den Worten: „Zwölf Jünger folgten Jesu nach" mit den Instrumenten und Singstimmen ein langes Gefolge anstellen und zwölf Parteien auf kanonische Art hintereinander „herschlendern" lassen, oder bei Luc. 23,5: „damit, daß er gelehret hat hin und her" im Chore mit dem hin und her, her und hin „ein Gespiele treiben, daß die Zuhörer lachen". Aber auch auf die bloße Instrumentalmusik will er seine Grundsätze und Regeln über die Erweckung und Schilderung der Leidenschaften und Affekte, über die Beobachtung einer richtigen Phrasierung und die Beseitigung

---
*) Die falschen Beispiele im „vollt. Kapellm." hat M. zum Teil mehr oder weniger bekannten Kompositionen seiner Zeitgenossen, oft „Sternen erster Größe" entnommen.

alles Unwesentlichen ausgedehnt wissen. Konzertstücke betrachtet er als musikalische Reden, und der Komponist muß alle Neigungen des Herzens durch bloße ausgesuchte Klänge und deren geschickte Zusammenfügung auch ohne Worte dergestalt auszudrücken wissen, daß der Zuhörer daraus, als ob es eine wirkliche Rede wäre, „den Trieb, den Sinn, die Meinung und den Nachdruck mit allen dazu gehörigen Ein= und Abschnitten" völlig begreifen und deutlich verstehen möge. Wie genau es M. mit seinen theoretisch=kritischen Untersuchungen nimmt, kann man daraus ersehen, daß er sogar die einfachen Tanzmelodien einer gründlichen Betrachtung unterzieht, ehe er größere Tonstücke, Konzerte, Ouverturen, Sonaten, Sinfonien u. s. w. bespricht. „Nun dürfte man schwerlich glauben", sagt er zum Schlusse des 12. Kapitels, „daß auch sogar in kleinen, schlecht geachteten Tanzmelodien die Gemütsbewegungen so sehr unterschieden sein müssen, als Licht und Schatten nimmermehr sein können. Damit ich nur eine geringe Probe gebe, ist z. B. bei einer Chaconne der Affekt schon viel erhabener und stolzer, als bei einer Passacaille. Bei einer Courante ist das Gemüt auf eine zärtliche Hoffnung gerichtet. Bei einer Sarabande ist lauter steife Ernsthaftigkeit anzutreffen (cf. Beil. Nr. 1); bei einer Entree geht der Zweck auf Pracht und Eitelkeit, bei einem Rigaudon auf angenehmen Scherz; bei einer Bourée wird auf Zufriedenheit und ein gefälliges Wesen gezielet; bei einem Rondeau auf Munterkeit; bei einem Passepied auf Wankelmut und Unbestand; bei einer Gigue auf Hitze und Eifer, bei einer Gavotte auf jauchzende und ausgelassene Freude, bei einem Menuett auf mäßige Lustbarkeit" u. s. w. (Beil. Nr. 5, 6 und 7). — „Bei Untersuchung größerer und ansehnlicherer Instrumentalstücke wird sich wohl diese ungemeine Verschiedenheit in Ausdrückung der Affekten, als auch die Beobachtung aller und jeder Einschnitte der Klangrede noch viel deutlicher spüren lassen, wenn die Verfasser rechten Schlages sind, da z. B. ein Adagio die Betrübnis, ein Lamento das Wehklagen, ein Lento die Erleichterung, ein Andante die Hoffnung, ein Affetuoso die Liebe, ein Allegro den Trost, ein Presto die Begierde zum Abzeichen führen". Über die Sonate sagt M., sie nehme eine vornehme Stelle unter den Gattungen der Instrumental=Melodien ein. Seit einigen Jahren habe man angefangen, Sonaten fürs Klavier mit gutem Beifall zu setzen; bisher hätten sie aber noch nicht die rechte Gestalt (sc. Form) und wollten mehr gerührt werden, als rühren, d. i., sie zieleten mehr auf die Bewegung der Finger als des Herzens. Dort bezeichnet er die ausschließliche Freude an einer ungewöhnlichen Fingerfertigkeit und an dem bloßen Virtuosentum als eine Tochter der Unwissenheit.